讲给孩子的商业启蒙课

妈妈怎么买东西，爸爸怎么卖东西

马方 著 张艳红/Momo 绘

四川人民出版社

图书在版编目（CIP）数据

讲给孩子的商业启蒙课：妈妈怎么买东西, 爸爸怎
么卖东西 / 马方著. -- 成都：四川人民出版社, 2024.3
ISBN 978-7-220-13198-1

Ⅰ.①讲… Ⅱ.①马… Ⅲ.①商业经营－少儿读物
Ⅳ.①F713-49

中国国家版本馆CIP数据核字（2024）第052180号

JIANGGEI HAIZI DE SHANGYE QIMENGKE ——MAMA ZENME MAIDONGXI, BABA ZENME MAIDONGXI

讲给孩子的商业启蒙课——妈妈怎么买东西，爸爸怎么卖东西

出 版 人	黄立新
责任编辑	汤 梅
版式设计	张迪茗
封面设计	张迪茗
封面插图	张艳红/Momo
内文插图	张艳红/Momo
责任校对	申婷婷
责任印制	周 奇
出版发行	四川人民出版社（成都市三色路238号）
网 址	http://www.scpph.com
E-mail	scrmcbs@sina.com
新浪微博	@四川人民出版社
微信公众号	四川人民出版社
发行部业务电话	（028）86361653 86361656
防盗版举报电话	（028）86361661
照 排	四川胜翔数码印务设计有限公司
印 刷	四川机投印务有限公司
成品尺寸	145mm×210mm
印 张	8.375
字 数	125千
版 次	2024年3月第1版
印 次	2024年3月第1次印刷
书 号	ISBN 978-7-220-13198-1
定 价	49.80元

目录
CONTENTS

·····序·····

如果你希望孩子尽早完成商业启蒙，感知财富创造的基本规律，为将来更好地实现财富自由"备课"；如果你希望孩子逛超市时，能够看透商家无处不在的赚钱"心机"，做一个理性、聪明的消费者；如果你面对孩子关于身边商业现象的发问，却不知如何回答……那么，我以一名孩子家长的名义，把这本有料、有趣、图文并茂的少儿商业启蒙书推荐给你，以及你的孩子。

当今社会是一个高度发达的商业社会，商业如同空气一样时刻包围着你我他，我们的衣食住行、学习工作、人际交往……哪一样都离不开它的深度参与。

在这种大环境下，如果你有意培养下一代成为优秀的企业家或商界精英，那么让孩子从小就接触商业、理解商业、体验商业，有意识地锻炼商业嗅觉、提高商业素养，无疑大有裨益。将来，无论你的孩子是选择创业、经商，自己当老板，还是做一个帮别人赚钱的职场"打工人"，都会比竞争者具有更高的起点，更能得心应手，更容易获得财富的犒赏。即便孩子长大后对财富没有"野心"，每日粗茶淡饭也怡然自得，但掌握商业知识、洞察商业现象、拥有商业思维，同样有助于他理解和顺应真实世界的运行逻辑，活成一个聪明人。

人的一生，终极目标是创造价值、获得幸福，而获得幸福的能力与商业密不可分。每一个孩子，在努力追寻幸福的长路上，既要有童话故事般的生活想象力，也要有洞穿真实世界的"火眼金睛"。只有在真实世界里游刃有余，才有能力活出童话般的人生！

正因此，让孩子读一读商业启蒙书，是一件有意义且重要的事情。既然是为孩子量身定做的书，那它就不能枯燥乏味、深奥艰涩，而应该是孩子所喜欢的样子。它应该既有好看、好玩的形式，也应有干货满满的内容，既应有拿起来就舍不得放下的故事讲述，也应有准确的知识解读，这样才能让孩子真正在"悦"读中汲取丰富的营养，获得成长的力量。你现在看到的，就是经过两年悉心打磨而呈现出来的这样一本充满诚意的商业启蒙书。

本书内容分两个部分：

第一部分讲述了漫思爸爸辞职创业开儿童超市，历经困难和波折最终获得成功的故事。故事角色栩栩如生，情节跌宕起伏、引人入胜。在故事的推进中，引出了与日常生活最密切相关的一些经济思想和商业知识，并将其人格化、形象化，同时使用孩子喜闻乐见的语言进行讲解，让孩子一读即懂、一看就会。其中涉及的知识点包括：如何积累生意本钱？做生意有哪些成本和风险？银行是干什么的？大人的工资是怎么回事？为什么超市里的商品爱打折？为什么商场的购物车那么大？为什么景点里的东西比外面更贵？为什么肯德基和麦当劳经常结伴出现……以及纳税、价格、商标、会员服务、购物小票、临期食品、"山寨"商品、广告宣传、诚信经营、通货膨胀，等等。孩子跟着故事，不知不觉就在商业大观园里很过瘾地溜达了一圈。

在故事讲述和知识讲解之外，每一篇还精心设置了符合孩子生活经验的趣味思考题，启发他们学而能思、学以致用。

我相信，孩子在读了这本书后，再面对各种商业现象时，已有能力自我求解了。作为本书的第一位读者，我的小学生女儿也已经能够向她的同学们"炫耀"自己对商业问题的见解了。

如果说本书第一部分的内容，侧重于培养孩子的商业思维，提升他们的认知水平，那么第二部分"有趣的商业冷知识"，主打的就是让孩子们在"悦"读中长知识。为什么方便面爱"卷发"？为什么棒棒糖的棍子上有个孔？古人怎么点外卖？古代的储蓄罐长什么样？自卖自夸的王婆是女人吗？为什么叫"买东西"，不叫"买南北"？薯片是因为厨师赌气才发明的吗？"可口可乐"的意思是可口的可乐吗……这些很具体的小问题，对孩子来说或许就像萌萌的小黄鸭，让他们乐意捧在手中，看在眼中，乐在心中。

希望这本商业启蒙书，能让你的孩子从此与商业结缘，从认识商业、爱上商业到将来驾驭商业，以从容而潇洒的姿态站到与财富更近的地方，早日过上幸福、自由的生活。

角色小·档案

● 漫思爸爸：辞去工作开超市，梦想成为大富豪，让一家人生活得更幸福。

● 漫思妈妈：安于现状但喜欢"买买买"的家庭"财政部长"。

● 漫思：小学二年级学生，想象力丰富，想坐飞机去天上和白云比身高，是爸爸的小助手。

● 兔牙猫乐乐：超市附近超受欢迎的动物明星；有一对像兔子门牙一样的大龅牙；胆子大，经常出其不意地用猫爪在小顾客们的屁股上"揍一拳"，然后迅速逃走。

漫思爸爸开超市会顺利吗？漫思的"飞天梦"能实现吗？乐乐怎么变成了大明星？……带着你的好奇心，让我们一起走进有趣的商业世界吧！

第1课
发现商机：漫思爸爸打算开儿童超市

　　开学前，漫思一家搬进了新小区。小区附近有一所小学，刚建成没多久，漫思等将是这里的第一批学生。

　　搬完新家的第二天，漫思爸爸带着漫思沿着小区和学校溜达了一圈。

　　他边走边看，时而自言自语地念叨着什么，时而停下来打量着眼前的店铺，时而又"莫名其妙"地摇摇头或点点头。他到底在干什么呀？

晚饭时，漫思爸爸清了清嗓子，兴奋地说："我有个想法，棒极了，你们想听吗？"

我有个想法，棒极了，你们想听吗？

漫思妈妈不说话，继续吃饭。漫思却很感兴趣，催爸爸快说。

"我发现小区周边还没有专门为孩子服务的商

家，我打算开一家儿童超市，你们觉得怎么样呀？"
漫思爸爸看着大家问道。

好呀好呀！

"好呀好呀！"漫思
举起手来。她啥也不懂，
就觉得好玩。

漫思妈妈会支持还是
反对呢？

 什么样的"火眼金睛"才能看见商机？

你好呀，小朋友！我就是人们口中经常提到的商
机先生，你可以把我想象成长着一对翅膀的人民币符
号"¥"。在我眼里，你们人类只分两种：看不见我
的人和能看见我的人。

大多数人都
看不见我。虽然
我无处不在，有
时就像飞虫一样
在他们的眼皮底

下飞来飞去，甚至对着他们的耳朵大喊："我在这里，
快朝这儿看！"可他们就像路边的电线杆一样毫无反
应。难道他们对我没兴趣？才不是呢，其中一些人甚
至做梦都想遇到我，希望我帮他们成为富有的人。可
惜的是，他们缺少一双看见我的慧眼，我只能摊摊手
说声"抱歉"。

只有极少数人能看见我。他们热切地想与我早日
见面，并且为迎接这一天的到来，早早就开始准备。

他们对富豪的故事
和经商的学问津津
乐道，还乐此不疲
地去尝试，很小就
被人们夸赞有生意
头脑。他们喜欢观

察身边的各种变化，琢磨着财富可能"落脚"的地方。我喜欢这样的人，就像他们喜欢我一样。我很乐意飞到他们的眼前，引着他们驶向财富的海洋。

可以说，每一个成功致富的人，都是从拥有一双善于发现我的慧眼开始的，漫思爸爸就是你们的榜样。沿着小区和学校溜达一圈，绝大多数人看到的是已经有的东西——那些已经开张的店铺，而漫思爸爸看到的却是没有的东西——那些消费者有需要但还没开出来的店铺。这就是慧眼呀！

当然，想要创造财富，除了拥有一双慧眼，还要有敢于尝试的胆识。"第一个吃螃蟹"的勇士更容易获得财富的犒赏，而犹豫不决和慢吞吞的人，常常与金钱失之交臂。

亲爱的小朋友，希望你能早日见到我哟！

你的同桌张笑笑是一个学习很棒的"馋嘴猫"，她帮成绩差的同学写作业，赚零花钱买零食吃。你觉得这种"生意头脑"值得表扬吗？

第 2 课
开店有风险：漫思爸爸的创业梦遭到反对

听了漫思爸爸的话，漫思妈妈一惊，送到嘴边的饭又放回了碗里。

> 小区附近已经有好几家超市了，再新开一家怎么可能赚钱呢？你是啥脑袋啊？

> 你要是非要开超市，就永远别和我说话！

"小区附近已经有好几家超市了，再新开一家怎么可能赚钱呢？你是啥脑袋啊？"漫思妈妈赌气地说，"你要是非要开超市，就永远别和我说话！"说完，气呼呼地离开了饭桌。

    唉！漫思妈妈就是这样的人：喜欢花钱却又缺乏创富精神，总有各种理由让自己心安理得地安于现状。她希望漫思爸爸能安安分分地工作，不要"净瞎想"。

    没有漫思妈妈的支持，这可怎么办呢？

 **做生意有哪些风险？**

    你好呀，小朋友！我是可能导致生意失败的风险先生。如果你将来打算经商，就必须足够了解我。

    虽然你不喜欢我，但我还是像影子一样时刻跟随着你。没有任何生意是包赚不赔的，而且越赚钱的生意，我对你的威胁就越大。
如果有人拍胸脯说，有一
种买卖百分之百赚大钱，
他要么是个无知的傻瓜，
要么是在设计骗局，你最
好让他走开！

"砰！"我手里拿着一把枪，对准那些对我不屑
一顾的莽夫扣动扳机，将他们击倒在寻找财富的路上。
有的人被我打败，是因为狂妄自大，盲目地相信自己
一定会赢；有的人被我消灭，是因为行动前根本就没
动脑子，光凭一腔热血就上了战场；还有的人，想法
没错，方向也没错，但是没经验，最后还是成了我的
俘虏。你去读读优秀企业家们的传记，就知道他们也

曾挨过我的枪子儿。

漫思爸爸开儿童超市，会不会碰到我呢？

首先，漫思爸爸虽然信心满满，可是毕竟没有开超市的经验，能否经受得住各种考验，实在不好说。就像熟读了《福尔摩斯探案集》，未必就能成为真正的大侦探！

另外，就算漫思爸爸的选择是对的，自己本事也很大，但要是碰上更厉害的对手——比如猫猫儿童超市、牛牛儿童超市、兔兔儿童超市来"抢食"，又怎么办呢？所以，胆小的漫思妈妈担心开超市会遭遇失败，不是毫无道理的。

总之，如果没有冒险精神，那你很难成为一个优秀的商人。如果你只有冒险精神，那你迟早会倒在我的枪口下——"砰！"

除了没有经验以及遇到强大的对手，还有什么可能导致漫思爸爸最终失败？

第3课
生意成本：漫思爸爸盘点开超市的代价

漫思妈妈的态度就像一盆冷水，泼在了漫思爸爸的头上。

他愣了愣，然后提高嗓门说道："附近是有几家超市了，但还没有专门为孩子们服务的超市呀，连文具店都没有。而我要开的是儿童超市，孩子们一定会喜欢光顾的！"

附近是有几家超市了，但还没有专门为孩子们服务的超市呀，连文具店都没有。而我要开的是儿童超市，孩子们一定会喜欢光顾的！

漫思爸爸坚持认为开儿童超市是个好主意。他独自回到房间，劲头十足地算起了开超市的成本账：店铺租金、人员工资、进货资金、流动资金……

开超市有哪些成本？

你好呀，小朋友！我是成本先生，别名叫"代价"。虽然你看不见我，但我却无时无刻不围绕着你。你可以把我想象成一个"减号"，"加

减乘除"四则运算中我只会做减法。不管漫思爸爸开超市能不能赚到钱，我都会从他的收入里减去成本。

开超市得有个店面吧，除非家里有，否则就要去租借。这就产生了租金，通常是一次性交一年的钱。

除此之外，还要设计装潢、购买设备、进货……哪一样不需要花钱？当超市正式运转起来，用电用水要花钱，宣传推广要花钱，交税要花钱，发工资也要花钱……我真是无处不在呀，并且存在感超强！

假如漫思爸爸这个月的营业额一共是 100 元，各种开支加起来是 60 元，相减后剩 40 元，这就是他的利润。如果营业额只有 50 元，开支还是 60 元，那就是白忙乎了一个月，还倒亏 10 元钱。这种吃力不讨好的事，在商业世界中可是屡见不鲜。

如果你以为这就是开超市要付出的全部代价，那可太小瞧我了。我呀，不仅仅是给钱做减法，也给时间和机会做减法。漫思爸爸开超市所付出的，除了那些可以用钱计算的代价，还有大量的时间和精力。他为了开超市而辞去工作，放弃了工资收入，同样也是一份代价。

没日没夜疯狂地按着时间和财富计算器上的减号，是我唯一的工作，虽然惹人讨厌，但我永远都勤勤恳恳、一丝不苟。也正因为有我，大家在投资做生意前才会三思而后行，减少了冲动和鲁莽，避免了许多不必要的损失。为此，很多人还由衷地夸我，给我写肉麻的感谢信呢，哈哈！

动动脑

　　周末，奶奶叫你陪她一道去走亲戚，并答应给你买一盒20元的巧克力糖作为"劳动报酬"。但是你拒绝了奶奶，最后用自己的10元零花钱，买了一套卡通画片。从金钱的角度算一算，这天你一共付出了多少成本？

第 4 课
积累本钱：漫思爸爸暂时偃旗息鼓了

买完新房后，漫思家里的存款已经不多。漫思妈妈打算买一辆小轿车，加上本来就反对漫思爸爸开超市，所以不肯把存款拿出来支持漫思爸爸，他们还为此吵了一架。

　　漫思爸爸明白，要想把超市开起来只能靠自己了。但漫思爸爸的工资银行卡一直被漫思妈妈牢牢地掌控着，他和漫思一样，每个月只能领到可怜巴巴的一点零花钱。漫思看爸爸真可怜，便偷偷把自己省下的零花钱借给爸爸。这次吵完架后，漫思妈妈还扬言停发漫思爸爸的零花钱。

　　漫思爸爸十分生气，责怪漫思妈妈无理取闹，但也实在无可奈何。他只好通过其他方式筹集开超市的资金。

 **做生意的本钱从哪里来？**

你好呀，小朋友！我是本钱先生。不是跟你吹牛，我的作用可大了！

我呀，就好比是"巧妇难为无米之炊"这句话里的"米"。巧妇也好，大厨也罢，任他们有多牛的本事、多大的梦想，没有我，都只能干着急，啥也做不了，啥也做不成。做生意也一样，没有我本钱先生，谁也创造不出财富。你瞧，漫思爸爸没有开超市的本钱，不就得暂时偃旗息鼓了嘛！

如果你希望自己长大后成为财富的主人，那一定要和我交朋友，让我助你一臂之力。

假设你想通过养鸡赚钱，成为富甲一方的"养鸡大王"，可养鸡得先有鸡吧，想有鸡得先有蛋吧，眼下你却连一根鸡毛都没有，就别说鸡蛋了。为了方便你理解，我大喊一声"变形"，然后变成了一只鸡蛋。现在我就教给你得到我的两种方法：

第一种，换鸡蛋。你没有鸡蛋，但总有别的东西吧——别说你一无所有，至少你还有健康的身体和每天 24 个小时的时间。你可以为有鸡蛋的人工作，换来你想要的鸡蛋，再用鸡蛋去孵小鸡。漫思爸爸用的就是这个方法，这也是绝大多数人积攒生意本钱的方法。只要拥有鸡蛋的人对你拥有的东西感兴趣，交易就能达成。

第二种，借鸡蛋。用工作换鸡蛋虽然靠谱，但是比较慢。商机可不像懒惰的考拉一样趴树上半天不动，想要抓住它必须快速行动。那怎样才能尽快得到我呢？借呗。找家人借，找亲朋借，还可以找银行借，用借来的鸡蛋去孵小鸡。小鸡长大了会下蛋，到时再把借来的鸡蛋还给人家。如果由于种种原因，小鸡孵化失败，借来的鸡蛋也搞废了，就会欠人家的鸡蛋。这就是债务，是经商前必须充分考虑的风险。

暑假来了，你打算在小区广场上摆地摊卖玩具，但是没有足够的本钱进货。你打算怎么做呢？

第 5 课

打折促销：漫思儿童超市正式开业了

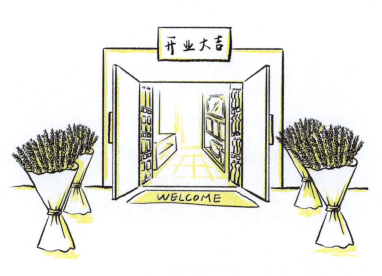

时间很快过去了半年，漫思爸爸从亲戚朋友和银行那里借到了一些本钱，经过一番张罗，超市终于要开张了。

该给超市取个名字了。

"耶！"漫思爸爸想到了女儿漫思，得意地打了一个响指，自言自语道："就叫漫思儿童超市！"的确，漫思不仅是全家唯一支持漫思爸爸开超市的人，而且是多么天真烂漫的孩子啊！用她的名字做超市名，既寄寓了漫思爸爸对女儿的感谢之意，也让超市有了童趣。

开张当天，漫思爸爸举办了促销活动：顾客只要在写着"漫思儿童超市开业啦"的背景墙前，用手机自拍并发布在微信朋友圈，就可以享受所有商品 8 折的购物优惠。漫思也自觉成了超市的宣传员，她把这个消息告诉了同学们，并且许诺可以给大家友情价。

东西降价卖会赚得少吗？

你好呀，小朋友！我是打折商品中性笔。

"打折"这个词有两种读法。念 dǎ zhé 的时候，意思是降价出售。打 8 折，就是按原来价格的 80% 进行销售。比如原价 2 元 / 支，打 5 折的价格就是 1 元 / 支。当念 dǎ shé 的时候，意思是要打断我的骨头。呃，好可怕！

打折促销是商家常用的经营手段，最大的作用是能够让东西卖得更快。假设我的进价是 1 元 / 支，在漫思儿童超市的售价是 2 元 / 支，漫思爸爸每卖掉 1 支就能赚 1 元。如果每天能卖

掉 100 支，那就是日赚 100 元。当漫思爸爸把我的身价降到 1.5 元 / 支，成本仍然是 1 元 / 支，每支就只能赚到 0.5 元，单支的利润减少了。但因为打折，我的销量增加了，从原来每天能卖 100 支变成能卖 300 支。那么漫思爸爸每天能赚多少呢？0.5 元 / 支 ×300 支 =150 元。你看，比原来每天赚 100 元还多赚了 50 元——虽然每支笔的价格降低了，但卖得更多，所以总体上赚得更多。打折的奥秘就藏在这个简单的算术题里，说白了就是让利多销。

在加快商品销售速度的同时，打折还能帮助商家收回资金。由于种种原因，有些商品没有卖出去，不但"霸占"着仓库和货架，还导致商家没有足够多的资金进新货。

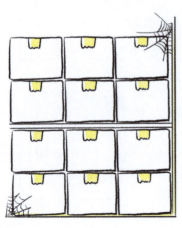

为了尽快把我们卖掉，有些商家将我们打折出售，以便腾出资金和空间来更换好卖的商品。

商家喜欢在"良辰吉日"举办打折促销活动，春节、端午、中秋、国庆这些节假日以及季节更替等，都是打折促销的良机。这时，人们的购物需求更加旺盛，商家便趁机打折促销，借这股"东风"多赚一些。

同样是打折促销，超市打出了自己的特点。它们极少举办全场打折活动，而是选择部分商品降价卖，一般都是人们最常买的东西，比如鸡蛋、蔬菜和饮料之类。超市老板可精明了，用这些受欢迎的低价商品吸引更多人光顾，再从其他商品上赚得更多。

动动脑

一家超市最近推出了一项活动：顾客只要进店购物就送1斤鸡蛋。这和打折促销有什么共同点？

第 6 课
锁住顾客：漫思爸爸推出会员服务

　　打折促销活动结束后，所有商品恢复了原价。漫思爸爸同时推出了会员服务：顾客只要交 9.9 元会员费，在接下来的一整年时间里，都可以享受专属权益，比如所有商品 9 折购、每次购物满 100 元送盲盒礼品 1 个、会员生日送专属文具一套、积分送礼品……这些好处加起来，可比区区 9.9 元会员费有价值得多。

这一招挺有效，短短几天就有几十位顾客成了首批会员。

漫思对爸爸说："哇，好处这么多，我也想成为会员。"

"好啊，那我这个月就少发你 9.9 元当会员费了哦？"漫思爸爸开玩笑说。

"哼！"漫思朝爸爸瞪眼噘嘴，"不行，你必须免费让我当会员。"

"会员制"能为商家赚更多的钱吗？

你好呀，小朋友！我是大名鼎鼎的商家会员卡，就叫我卡卡先生吧。

我能让商家多赚钱，让顾客多省钱，所以商家和顾客都挺喜欢我。传说中的"人见人爱"大概说的就是我吧，嘿嘿！

我是怎样让商家赚钱的呢？

当顾客花 9.9 元买下我，成了漫思儿童超市的会员后，如果他从此不再光顾或者光顾次数太少，就会产生"会员费白交了"的懊恼心理，所以会比普通顾客更愿意光临。来的次数多了，就会养成消费习惯，成为忠实的老顾客。

和上一篇打折促销的道理一样，虽然超市为会员提供了比普通顾客更多的购物特权，增加了成本，降低了利润，但成为会员后，大家购物的次数会大大增加，所以总体上可以赚得更多。另外，只要商品和服务让会员满意，他们会主动帮超市打广告，带来更多的客人。总之，我就像是漫思爸爸放在你们心里的一块磁铁，当你们要购物的时候，会不知不觉被吸引过来。

顾客成为会员后有什么好处呢？

第一，买东西更省钱。比如，在漫思儿童超市买一支价格 10 元的钢笔，会员可以享受 9 折优惠，也就是花 9 元就能买到，比别人节省了 1 元。

第二，享受更好的服务。比如，你买的东西多，拿不动，漫思儿童超市可以免费帮你送到家。在银行、私立医院等一些场所，会员还可以优先办理业务，节省了排队等候的时间。

动动脑

　　有些商家在你完成消费后，会送你一张代金券，承诺下次消费时可以当钱用。如果你得到了这张代金券，会有什么打算？

第 7 课

工资的 "秘密"：超市的招聘启事无人问津

漫思儿童超市遇到了新问题。

为了节省成本，漫思爸爸又当老板又当伙计，超市里的活儿全都自己干，可是无论他怎样勤快也忙不过来，于是打算招聘一名收银员，开出的工资是 3800 元 / 月。招聘启事发布大半个月了，压根就无人问津。

　　漫思爸爸不得不把工资涨到 4500 元 / 月，这下好了，前来应聘的人络绎不绝，没过几天就招到了合适的帮手。

 **工资高低谁说了算?**

　　你好呀，小朋友！我是工资先生。你不认识我，但可能每天都在享受我带来的好处。妈妈给你买的衣服和零食、爸爸为你报的兴趣班、爷爷带你逛动物园买的门票……许许多多需要花钱的地方都有我的身

影，就连你现在看的这本书，恐怕也是我买给你的。

　　我就是人们的劳动报酬，不管是体力劳动还是脑力劳动，只要对社会有贡献，能帮助人们解决问题，就能得到我。

　　漫思儿童超市里的每一种商品都有价格，比如铅笔的价格是 1 元 / 支，你只要掏 1 元钱，铅笔就彻彻底底地属于你了。人们的劳动同样有价格，就是工资先生我，比如 4500 元 / 月。和其他商品不同的是，老板可以用我买到员工的时间和才能，但不能像对待铅笔一样对待他们，因为他们并不属于老板。

同样是工作一个月，有的人能得到 3800 元，有的人能得到 5000 元，还有的人能得到 10000 元、20000 元……这到底谁说了算？假设有家公司要招聘 10 名专门帮人削铅笔的员工，当有 10 个人来应聘的时候，老板给每个人 1000 元就能招满；当有 5 个人来应聘的时候，老板可能需要支付 1500 元才能招齐；当只有 3 个人来应聘的时候，老板还得加工资，这样才能吸引更多的人来应聘。道理很简单，在老板需要的员工数量不变的情况下，"人"以稀为贵，人越少要求的工资就越高。

动动脑

　　漫思爸爸开超市前的工资是 10000 元，可他每个月只上交给漫思妈妈 9000 元，还说自己一分钱都没私留，他撒谎了吗？问问你的爸爸妈妈，这到底是怎么回事？

第8课

顾客喜好：漫思爸爸选购的橡皮卖不掉

　　漫思爸爸栽跟头了。他从批发市场选购的一批文具卖不出去，堆在墙角成了麻烦。就拿笔和橡皮来说吧，虽然质量很棒，但模样太老气了，根本吸引不了小顾客们。唉，顾客喜欢什么、不喜欢什么，漫思爸爸还得多做功课呀！

> 不听老婆言，吃亏在眼前！

开张第一个月，超市的收入刚够交房租。漫思妈妈这下来劲了，借机挖苦漫思爸爸："哼！我不是早就说了嘛，你根本就不是做生意的料！不听老婆言，吃亏在眼前！"

漫思看着爸爸难过又焦虑的样子，心里很不好受，建议爸爸批发一些奥特曼橡皮、公主橡皮来卖，结果大受欢迎。

 **应该卖什么？**

你好呀，小朋友！我是漫思儿童超市里的明星商品——奥特曼橡皮。喜欢我的顾客可多了，听说大家还经常热烈讨论着和我有关的话题。

你知道我为什么人见人爱吗？奥秘就在下面这3个问题里。

问题 1：谁是顾客？

对漫思儿童超市来说，顾客就是像漫思这样的小顾客，而他们的爸爸妈妈爷爷奶奶外公外婆是付账的人。

问题 2：卖什么和不卖什么？

顾客需要什么就卖什么，不需要什么就不卖什么。小顾客们需要什么呢？哦，零食、文具、玩具……所以漫思爸爸要抱着一个大大的"－"，把小顾客们不需要的通通减去。如果既卖孩子们用的东西，又卖大人们用的东西，那还有"儿童"特色吗？这样的超市就像抽屉里堆满了乱七八糟的东西，小顾客们是没有多少兴趣去打开的。

问题 3：顾客需要和想要的是什么？

漫思爸爸还不太懂得小顾客们在想什么，把需要和想要当一回事儿了。论擦字本领，我那些橡皮同伴

你知道我为什么人见人爱吗？
① 谁是顾客？
② 卖什么和不卖什么？
③ 顾客需要和想要的是什么？

Biu～

们个个都是一把好手，可它们有什么区别呢，顾客买谁不都一样嘛。而我呢，不仅能擦字，还好玩，正是传说中的实力与颜值比翼齐飞，所以才是小顾客们既需要也想要的，当然很抢手喽！

　　总之，知道谁是顾客，才知道应该卖什么和不卖什么。知道顾客想要什么、喜欢什么，才能卖得好、赚得多。顾客爱白萝卜就卖白萝卜，爱胡萝卜就卖胡萝卜，爱萝卜丝就卖萝卜丝。谁像了解自己一样了解顾客，谁的生意就更容易成功，道理就这么简单。

　　结合上文中的"谁是顾客"这个问题，想一想：课文《青蛙卖泥塘》里的青蛙犯了什么错？它是一个合格的商人吗？

第9课
定价技巧 1：漫思发现了一个奇怪的问题

漫思主动提出，每天做完功课后去给爸爸当帮手。在妈妈的怂恿下，漫思向爸爸要劳动报酬。爸爸答应每周给漫思一点零花钱作为工资，并吸收她为梦想合伙人，承诺只要超市赚到钱了，就带她去坐飞机看白云。

漫思在爸爸的指导下为商品写价格标签。铅笔9.9元/盒、笔记本4.8元/本、巧克力2.8元/块……写着写着，漫思突然停下来，好像发现了什么惊天秘密似的，好奇地问了爸爸两个问题。其中一个问题是："咦，这些价格怎么都带小数点啊？"

爸爸一脸得意："哈哈，这可是学问，不懂了吧？"

"爸爸，你快告诉我！"漫思催促道。

 **商品价格带零头有什么用？**

你好呀，小朋友！我是价格先生。

很多时候你会看到这样的我，比如 3.99 元、7.86 元、99 元，用 4 元、8 元、100 元这样的整数价格不是更方便算账吗？为什么超市要自找麻烦呢？难道

是因为超市员工想炫耀自己的数学很厉害？其实这叫"尾数定价法"，就是故意让商品的价格带尾数，包括带小数点的尾数。

超市的这个"小花招"作用可不小哦！比如，虽然 3.99 元 / 斤的青菜比 4 元 / 斤的青菜，就便宜了微不足道的一分钱，但能让你觉得 3.99 元 / 斤的青菜是

3 块多钱，有种"东西很便宜"的印象。而且，当你看到带零头的我，或许会不自觉地想：超市这么计较一分一毫，真是好用心呀，这样的价格一定赚得不多，我买了肯定不吃亏。这样一来，你的购买兴趣就不知不觉地提高了，商品自然更好卖喽。

为了让你购物的时候有好心情，超市在给我选尾数的时候，还特别爱用"8""6""9"这样的"吉利"数字。在中国的传统文化里，"6"有"六六大顺"的寓意，"8"和发财的"发"谐音，"9"含有"长长久久"的意思。

带零头这种定价方法，更适合价格不高的商品，所以我经常出现在超市的蔬菜区。而比较昂贵的商品，用整数定价的效果会更好。例如，相比价格 49.9 万元的小汽车，价格 50 万元的小汽车让人觉得更牛气！

漫思家有个开餐馆的亲戚，她推出了一道非常好吃的特色菜，卖 30 元 / 份，但是很少有客人点。后

来在别人的建议下，她把这道菜的价格改成了 32 元 /份，没想到销量一下子翻了几番。你知道这是什么原因吗？

第 10 课

定价技巧 2：菜市场里没有价格标签

漫思问爸爸的另一个问题是：为什么超市商品都标注了价格，而家门口的菜市里却没有呢？

 **为什么菜市里的东西不明码标价？**

你好呀，小朋友！我是超市里的萝卜。我旁边有个小牌子，上面是我的价格，这叫明码标价。但菜市和路边摊却很少这么做，这是为什么呢？

　　首先，超市里商品种类多，如果不写价格，顾客就得一个个地询问。你问这只猪蹄怎么卖的，我问这瓶饮料多少钱，她问那支铅笔贵不贵，工作人员就是长了一百张嘴也忙不过来呀！所以就通过明码标价来解决这个问题。而菜市摊位上的商品种类比较少，顾客和摊主一问一答超级轻松。

　　其次，超市商品的价格通常稳如泰山，价格标签不会经常更改。但菜市就不同了，蔬菜和水果的行情变化比较快，价格跟兔子一样上蹿下跳。尤其是蔬菜，早上更新鲜，卖得贵些，到了中午和晚上可能就得打折卖了。价格变得快，摊主很难做到及时修改价格标签，并且也嫌麻烦。

　　另外，超市商品的价格是"死"的，收银员只负责算账收钱，不能让价也不能加价。而在菜市里，顾客和摊主是可以讨价还价的，谁口才好谁就能占点小便宜。如果你嘴巴甜，多叫几声叔叔阿姨，说不定也可以享受优惠。如果菜摊都明码标价了，你环顾一周，嚯，隔壁菜摊上的白菜 3 元 / 斤，隔壁的隔壁的菜摊上只卖 2.5 元 / 斤，那边还有一家卖 2 元 / 斤的。东西都差不多，你说价格高的摊主还能卖得出去吗？所以他们打心眼里就不愿意明码标价。

为了保护消费者的权益，咱们国家已出台法律法规，要求经营者必须对商品明码标价，让大家一目了然。如今，管理规范的超市和菜市场已经做到了这一点。

动动脑

三只小猫在菜市摆摊卖鱼，鱼看上去差不多，但是价格不同。思考一下，你打算用什么方法和小猫讨价还价？

第 11 课

"穿上试试"：超市请假人卖童装

为了获得更多利润，漫思儿童超市扩展了商品种类，开始卖童装了。为此，漫思爸爸还特地让几个假人（模特）穿上最流行的衣服，站在玻璃橱窗前展示，引来了不少妈妈和小顾客。

"爸爸，我和模特谁好看？"调皮的漫思模仿着橱窗里模特的姿势，比起美来。

"喵——"趴在收银台上的乐乐叫了一声，扭头看向漫思爸爸，好像在说："小主人真臭美，我都看不下去了！"

为什么服装店橱窗里要放模特？

　　你好呀，小朋友！我是橱窗模特。你是不是被我身上的衣服吸引住了，再想象自己穿上它的样子，就忍不住拽着妈妈进了衣店？的确，我虽然是个哑巴，不会向客人推销，却经常是服装店里的销售冠军。

　　衣服这种商品，挂在衣架上看和穿在身上看，效果大不同。有些类型的衣服，只有穿着才能显出效果。所以服装店营业员最常说的一句话就是：喜欢的话穿上试试。而我的职责，就是替你穿上它们，让你看看效果。

喜欢的话穿上试试。

　　服装店里的衣服虽然很多，但我绝不会乱穿。我会挑店里主打的衣服款式，往往也是最好卖的款式。它们好比一篇作文的标题，足够精彩才能吸引你往下看。

　　虽然我身材很好，不高不矮、不胖不瘦，只有"完美"这个词才能勉强形容我，可我必须承认，你之所以会为我的穿着惊叹，是因为这套穿着是经过精心搭配的。比如一件 T 恤衫，当我单独穿上它的时候，实在是平淡无奇。但与合适的外套、裤子和鞋搭起来穿，再加上灯光营造的氛围，它的吸引力就像走上舞台的小黄鸭，一下子变得备受瞩目。所以，很多原本只想买 T 恤衫的人，最后连外套、裤子和鞋也一起买了。

　　温馨提示：衣服穿在我身上很好看，并不代表你穿上它也一样好看，毕竟我是拥有一流身材的模特。因此买衣服的时候千万不要冲动，别成了我的俘虏哦！

为什么服装店模特身上的衣服通常比较贵?

第 12 课

赚钱新方式："不卖东西"的店中店开张了

这天，漫思放学后带着一个问题直奔超市："爸爸，同学问咱们家超市能不能换东西？"

"嗯？"漫思爸爸没听懂。

漫思道出原委："学校马上要举办跳蚤市场活动，让大家把自己不用的东西拿出来和别人交换。好几个同学问咱们超市能不能也这样？"

学校马上要举办跳蚤市场活动，让大家把自己不用的东西拿出来和别人交换。好几个同学问咱们超市能不能也这样？

　　"原来如此！"漫思爸爸想了想，点点头，"这倒是个有趣的主意，不过得定一些规则。"接着他解释说，"我们可以在超市里开设一个换书区，放上大半新的图书，大家可以拿自己闲置的图书和玩具来交

原来如此！这倒是个有趣的主意，不过得定一些规则。我们可以在超市里开设一个换书区，放上大半新的图书，大家可以拿自己闲置的图书和玩具来交换……

换，交换来的东西还可以继续和别人交换。每次交换收3元交换费，这就是我们的收入。如果你是顾客，你愿意接受这个规则吗？"

"我愿意呀！"漫思答道，"这样的话，只要花一点点交换费，我就能得到没看过的书，比买新书划算多了！"

没过多久，超市隔壁的那家店铺因为经营不善倒闭了。漫思爸爸趁机租下场地，把它和超市打通后，开了家不卖东西只换书和玩具的店中店。

我愿意呀！这样的话，只要花一点点交换费，我就能得到没看过的书，比买新书划算多了！

赚钱有不同的方式

你好呀，小朋友！我是小商哥。我的原名叫商业模式，有人叫我"赚钱的方式"。虽然这种称呼一点也不含蓄，但没毛病。为了配得上这个财气十足的名字，我经常为大家出谋划策，比如"换书"。

老实说，你是不是有不少一读完就开始嫌弃的课外书？哈哈，被我说中了吧！对你来说，这些二手货就像上学期的成绩单，懒得再看，但它们可一点都不旧，有的还没翻完就被你放下了。留着呢，它占地方，

挤得新书都没地方落脚，当废品卖呢又于心不忍，好为难！我开动脑筋，替漫思爸爸想到了"换书"这个变"废"为宝的办法。

漫思儿童超市在经营过程中，已经积累了很多和你一样的小顾客。当超市推出"换书"服务时，顾客就像孙悟空拔了一根猴毛，用嘴一吹，又变出了一个自己。现在一个顾客变成了两个顾客，一个买东西，

另一个换书。以前，你们要买东西的时候才会来超市，现在又多了一个光顾的理由。原来不在这里买东西的人，为换书而来，顺便也成了买东西的顾客。嘿嘿，超市有了双份收入啦！

我很赞同这样的说法：
好的商业模式不仅能赚钱，
还能赚得有效率，
就像通往学校的路有很多，
但捷径通常只有一条。

我还有好多好多的妙主意，不过它们可不是一拍脑袋就冒出来的，而是我在商业世界里摸爬滚打得来

的宝贵经验。有人说，好的商业模式不仅能赚钱，还能赚得有效率，就像通往学校的路有很多，但捷径通常只有一条。我很赞同这个观点！

动动脑

假如你是一只蜜蜂，你喜欢下面哪种赚钱方式？

第一种，每天早出晚归辛勤采蜜，然后去集市上摆摊出售。

第二种，开蜂蜜超市，为其他蜜蜂代售蜂蜜，收取报酬。

第三种，开包装厂，专门为蜂蜜提供各种包装。

第 13 课

消费凭证。购物小票的大作用

　　漫思和妈妈逛超市时，遇到一位正在和超市工作
人员争执的顾客。这位顾客在蛋糕里发现了一只小虫
子，要求退换和赔偿。超市让她拿出购物小票，来证
明问题蛋糕是从这里买的。顾客说扔了，超市便不同
意退换和赔偿。

"这下可不好办了哦！"妈妈小声提醒漫思，"你以后买东西可别乱扔小票啊！"她还告诉漫思，自己也遇到过类似的情况，后来才养成保留小票这个好习惯的。

这下可不好办了哦！你以后买东西可别乱扔小票啊！

"嗯。"漫思似懂非懂地点点头。

漫思和妈妈回到自家超市的时候，刚好有个小顾客拿着购物小票和有瑕疵的钢笔要求更换，漫思爸爸不仅爽快地同意了，还额外赠送了一只滞销的橡皮。

启蒙小课堂 **购物小票能帮侦探破案吗？**

你好呀，小朋友！我是购物小票。因为我身材小巧，大家亲切地叫我小票，就像马漫思被叫作漫漫一样，嘿嘿。

我把你所购买商品的名称、数量、价格和总花费，以及什么时间在哪家超市消费的，全都默默地记了下来，在结完账后交给你，好让你心中有数。有时候，我觉得自己简直是一个超级厉害的"间谍"，掌握着你的许多小秘密，比如我知道你经常买各种糖果，所以我猜你会有蛀牙。

有的人对我很不礼貌，看都不看我一眼；有的人很粗鲁，对我又揉又捏；有的人倒是挺看重我，会仔细核对我记录的消费信息，但是又像对待废纸一样随手乱扔，污染了环

境，我很生气。其实，我对你们人类可有不少好处呢！

你们可以根据我记录的消费信息，核对购买的商品类型和数量是否有误。超市收银员也有出错的时候，如果结账后不及时核对，等回头发现问题再找超市沟

通，不但浪费时间，还可能因为丢了小票而导致问题难以解决。

我还能保护你的权益。我记录的信息，能够证明你的商品的购买渠道，上面明明白白写着超市名称、购物时间和购买的商品等。当你购买的商品出现质量问题时，带着我去找商家处理，他们就不敢狡辩、抵赖。要是没有我，商家的态度或许就大不同了："凭啥说东西是从这里买的？别诬赖我们！"这时你恐怕只能干瞪眼白生气了！在一些侦探小说里，我还是破案的重要线索呢，多亏我发挥了凭证作用。

记录购物信息、作为消费凭证，这就是我的两个主要用途，我很乐意为你们人类效劳！

新年快到了，爱美的小花狗去超市买了一只蝴蝶发夹，到家后发现发夹上有个地方裂开了，于是拿着购物小票回到超市，要求重新换一个，但超市却不认账。问问大人，在这种情况下，小花狗可以拨打哪个电话号码来求助？

第 14 课

商品色彩：漫思没能买到红色电风扇

啊！我还从没见过像花一样红的电风扇呢，倒是见过像白雪公主一样白的电风扇。

我想要一台像花一样红的电风扇。

　　妈妈让漫思陪自己一道去商场买新电风扇，并答应让她来挑选。漫思转动着眼珠子，突然一拍巴掌说："有了，我想要一台像花一样红的电风扇……"

"啊？"妈妈有些惊讶，"我还从没见过像花一样红的电风扇呢，倒是见过像白雪公主一样白的电风扇。"

"为什么呀？难道红色的电风扇不好看吗？"漫思有点迫不及待了，拽着妈妈的手就往商场跑去。

一连转了好几家商场，漫思的腿都酸了，还是没有找到像花一样红的电风扇。她沮丧地嘟哝着："为什么就没有红色的电风扇呢？真是奇怪！"

为什么没有红色的电风扇？

你好呀，小朋友！我是电风扇。我穿什么颜色的衣服，你说了才算。

我的工作服几乎都是白色、灰色、黑色或者蓝色，我最爱穿耐看又清爽的白色！因为色彩也有温度，你们不会喜欢我穿着"火辣辣"的红色工作服为你服务的。

色彩的温度是人们心理上的一种感觉，并不是真的能用温度计测量出来。冷色包括蓝色、绿色、青色……它们会让你联想到水和冰，产生凉爽、安静的感觉。而暖色包括红色、橙色、黄色……它们会让你联想到火和太阳，产生暖和、热情和充满力量的感觉。

如果我穿着红色的衣服，虽然吹出来的风还是凉

风，但你可能觉得并不凉快，甚至感到烦躁，好像风里夹带着热辣的火苗似的，那我还怎么卖得掉呢？

也许你会不服气地反驳我："我妈妈送给我的就是一只红色的卡通电风扇，不信你看，它就待在我的书桌上。"

哈哈，你说得对，不过我们并不把这些"小不点"当作真正的同类。它们风量很小，吹在身上跟挠痒痒差不多，主要用来装饰环境和臭美，只是中看不中用的娱乐派罢了，而我们才是真正能帮你降温的实力派。

● 为什么空调和冰箱大多数是白色的?

我喜欢穿白色衣服。

我也是。

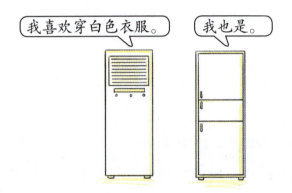

● 为什么打怪兽的奥特曼大多穿红色衣服?

第 15 课

临期食品：妈妈阻止漫思买便宜酸奶

没有找到红色的电风扇，漫思和妈妈最后选了一台白色的。当她们走出电器商场的时候，肚子已经饿得"咕噜噜"叫。

来自内蒙古大草原的好酸奶，1元1瓶，限时3天。

漫思拽着妈妈进了对面的一家超市，脚还没跨进去，就听到小喇叭在吆喝："来自内蒙古大草原的好酸奶，1元1瓶，限时3天。"这个牌子的酸奶平时可要6元1瓶呢。

哇，好便宜啊！妈妈，快给我买一箱吧！

"哇，好便宜啊！妈妈，快给我买一箱吧！"漫思迫不及待地小跑上前。

"慢着！降价这么多，可能是临期食品，先看清楚再说。"妈妈拦住了漫思，然后拿起一

果然！还有3天就过期了。你要是喜欢喝可以买几瓶，买多了喝不完，到时可就得扔了。

瓶酸奶仔细打量起来，"果然！还有 3 天就过期了。你要是喜欢喝可以买几瓶，买多了喝不完，到时可就得扔了。"

为什么有些食品宁愿亏本也要卖？

你好呀，小朋友！我是临期食品——临近保质期的食品。作为商品，我的"生命"快要画上句号了！

如果我到了保质期的最后期限，还没有找到买家的话，就会被无情地退给生产厂家，或者被当作废物直接处理掉。就拿月饼来说吧，过了保质期后，它们很多都被拉去喂猪了。我们曾踌躇满志，希望能为人类的美食世界添光增彩，谁愿落得成为猪饲料的惨淡下场呢？

商家可不希望看到我们这样的遭遇，会在我们的"生命"即将结束时，通过降价的方式加速把我们卖掉。我们离过期的时间越近，降价就越狠，哪怕咬着牙亏本卖也在所不惜，所以才会出现漫思眼前的一幕：原价 6 元 / 瓶的酸奶卖 1 元 / 瓶。对商家来说，降价卖虽然赚得少甚至赔本，但会引来"图划算"的顾客，有助于尽快卖掉我们，这总比我们过期后一文不值好得多。

　　食品就像露珠，当然是越新鲜越好。如果你打算买露珠，你会选择清晨时的它还是上午时的它呢？所

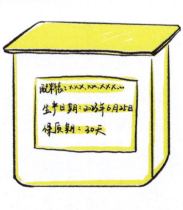

以，大家在购买食品的时候，可别光顾着"买买买"，还需留意包装上的生产日期和保质期，尽量选择离生产日期更近的哦！

动动脑

酸奶和面包的保质期一般是多长时间？

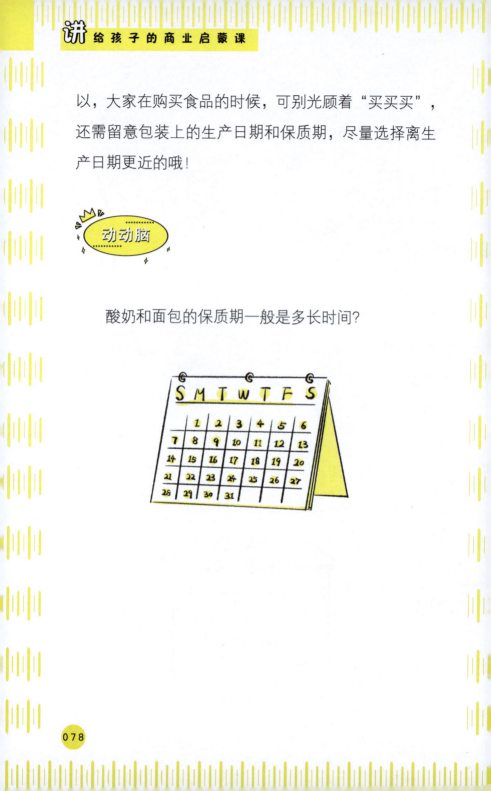

第 16 课

大购物车：漫思发现了一个奇怪的现象

这家超市的橙子正在进行促销，价格比平时便宜不少，漫思妈妈很心动，打算买几斤回去。漫思喜欢吃苹果，让妈妈也顺便买一些。

> 漫思，去找两个小袋子来装。

漫思妈妈仔细挑选着橙子和苹果，因为买得并不多，便叫漫思去找两个小袋子来装。

可是漫思找来找去，根本没有找到什么小袋子，只有比自己身体还粗、比自己胳膊还长的那种大袋子。漫思妈妈把挑好的橙子和苹果放进去，才刚刚盖住袋底。

漫思还发现，超市的购物车也很大，大到自己坐在里面，就像是肉包子的馅儿。

 **为什么购物车和称重袋越来越大？**

你好呀，小朋友！我是超市里的"大肚子"购物车。

在很多大超市里，我比课桌还大，用起来笨笨的，难道是为了让调皮的你"搭车"吗？才不是啦！

在你更小的时候，大人们逛超市时，有时会把你放进我的"大肚子"里推着走。你嘴里发出"嘀嘀嘀"的喇叭声，好像动画片里的主角在开汽车一样，好不快活！这样一来，大人们就不用再抱着你了，可以节省力气，也好腾出手来挑选商品。但是，你把我当座驾这种行为，存在安全隐患，可能会使你受伤。而且，我每天与太多的人和物品亲密接触，说不定会把细菌、病毒传染给你。所以，以后可别再让我兜着你走了哦！

超市老板选择"大肚子"的我，是为了方便大家购物。相比以往，超市顾客里的上班族越来越多。他们平时很忙碌，所以每次逛超市希望能多买点，卫生纸啦洗发水啦排骨啦可乐啦榴梿啦，统统往家里搬，这时我就有用武之地了。

另外，我那超级精明的老板，知道你心里会怎么想，所以故意利用我的"大肚子"来多多赚钱。我的"肚子"那么大，如果你买的东西不多，可能连底都遮不住，会显得特别少，这和一只小蚂蚁站在大海边的感受差不多。或许你会这样想：哎呀，逛了半天就买这么点东西，不白来了一趟嘛，不行，还得买！于是不知不觉就买了很多，超出了原本的购物计划。哈哈，我的老板正在偷着笑呢！

哎呀，逛了半天就买这么点东西，不白来了一趟嘛，不行，还得买！

研究人员发现，比起我那些身材小巧的同类，我可以诱导顾客买得更多。这也是超市食品称重袋变大的一个原因。

你看，我的"大肚子"有这么多好处，超市何乐而不为呢？

小区周边小超市里的称重袋，为什么没有大超市里的那么大？

第 17 课

免费的代价。漫思把妈妈手机号出卖给了陌生人

> 嗨，可爱的小朋友，喜欢魔法棒吗？我可以送你一支哦！

　　放学了，漫思刚走出校门，就看到了一只手里拿着彩光魔法棒的"大熊猫"。漫思很喜欢神奇的魔法世界，早就想买一支魔法棒了，可是妈妈一直不答应。

　　"大熊猫"似乎看出了漫思的心思，摇着手上的

魔法棒，模仿着动画片里的声音向她打招呼说："嗨，可爱的小朋友，喜欢魔法棒吗？我可以送你一支哦！"

漫思有点胆怯地问："送给我？不要钱吗？"

"是啊，一分钱都不要呢！"接着，"大熊猫"做了自我介绍，说自己是大熊猫书法学校的老师，并告诉漫思，只要把家人的手机号说出来，就能免费得到魔法棒。

漫思实在太想要魔法棒了，想都没想，就一口气报出了妈妈的手机号。

妈妈，你看我的魔法棒！

"妈妈，你看我的魔法棒！"漫思的一只脚还没跨进屋子，就摇着魔法棒，迫不及待地向妈妈报喜。

漫思妈妈了解了事情的经过后，生气地数落了她一通："你可真是个小害人精，怎么能把我的手机号给陌生人呢？"

漫思想狡辩什么，却一句话也说不出来。

你可真是个小害人精，怎么能把我的手机号给陌生人呢？

　　你好呀，小朋友！我是漫思没花钱就得到的魔法棒。

　　如果你遇到我，或者你喜欢的其他东西，会不会像漫思一样经不住诱惑呢？说实话，要不是大人阻拦，恐怕没几个孩子不被我轻松"拿下"的。嘿嘿，谁叫你们爱占小便宜呢！

一切收获都要付出代价。

　　但是你想过没有，我的主人花了钱买下我，凭啥要无缘无故地送给你呢？我真的会白送给你吗？当然不是了。在商业世界里，一切收获都要付出代价，要么是钱，要么是其他东西，可没有白捡的便宜。商家把我送给漫思，可不是为了让她白捡个开心，而是用我当诱饵，去"钓"漫思妈妈的手机号。

这些推销电话好讨厌啊，我都读不下去了！

接着，也许会出现这样的情景：漫思正在聚精会神地读课文，妈妈的手机突然响了，把漫思吓了一跳。漫思妈妈一看，是个陌生号码，心想可能是来推销东西的。她犹豫了一下接了电话，果然，正是大熊猫书法学校打来的，要卖他们的培训课程呢。没过一会儿，音乐培训学校和舞蹈培训学校也打来了电话。

"哼！"漫思把书往桌上一搁，捂着耳朵说："这些推销电话好

讨厌啊！"

　　好奇怪，另外那两家培训学校是怎么知道漫思妈妈手机号的呢？嘘，把耳朵凑过来：是大熊猫书法学校那个胖老板告诉音乐培训学校那个瘦老板的，音乐培训学校的瘦老板又告诉了舞蹈培训学校的矮老板……然后，漫思妈妈就会经常接到五花八门的广告信息和骚扰电话，简直快要变成信息垃圾桶了。唉，瞧瞧吧，漫思为了得到免费的我，让妈妈付出了这么大的代价，划算吗？

　　再偷偷告诉你一个秘密：我那精明的老板可会算账啦，他花在我身上的钱，会悄悄地加到学费里，分摊到学员的头上。

　　原来，我并不是真的免费，是漫思妈妈和一群陌生人为我买单了。

　　亲爱的小朋友，当以后再遇到陌生人要送你免费礼品时，你打算怎么做呢？

动动脑

　　小猪和猪妈妈逛超市时，碰到一家猪饲料生产商正在举办新产品免费试吃活动。面对这种"免费"，你觉得它们应该品尝吗？

第18课

盲盒："好奇心"也可以买卖

　　漫思爸爸的生意头脑被激活了，不时推出促销活动。这不，儿童节到了，他张贴了一张海报，上面写着祝大家节日快乐的话，并承诺只要购物满"61"元就赠送一个节日文具盲盒。

盲盒为什么受欢迎？

你好呀，小朋友！我是一支盲盒里的钢笔。我故意和你捉迷藏，藏在包装盒里，让你看不见我。如果你想知道我的庐山真面目，就乖乖掏钱拆开盒子吧。哈哈，我猜你已经好奇得快要爆炸了！

当你拆开盒子，看见我的模样，也许会爱不释手，也许会失望："哎呀，就这？"反正全看你的运气啦！但是你不会介意的，说不定马上又买一个拼拼手气。因为拆盒子的过程虽然短暂，却充满了惊奇和期待，令人着迷，而这才是你选择我的真正原因。

我本来是一支平平无奇的钢笔，颜值和实力都一般，和我的

竞争对手们待在一起时，一点都不出众。我的老板可是个聪明人，他知道你的想象力超级丰富，于是把我装进盲盒里，让我充满神秘感，勾起你的好奇心和探索欲。"这里面到底是什么样的钢笔呀？"当你的脑子里竖起问号时，我的老板就准备收钱了。

我们盲盒一族，大人孩子都喜欢，难怪会成为商家的宠儿。如今我们的种类越来越丰富，别说玩偶、衣服、手机这些，连"宠物盲盒"都出现了。要不是亲眼所见，我是万万不敢相信啊！

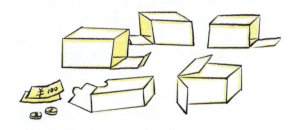

在盲盒钢笔套装里，除了我，还有 11 个不同肤色和图案的兄弟姐妹，加起来和生肖的数量一样多。如果你想把我们集齐，就会忍不住买呀买，拆了一个又一个，结果买到了不少颜色和图案重复的钢笔，这不是浪费嘛！所以我可要提醒你，虽然盲盒给你带来了买东西的乐趣，但是千万别像玩游戏一样上瘾哦！

为什么同样的商品装在盲盒里卖，价格能更高一些？

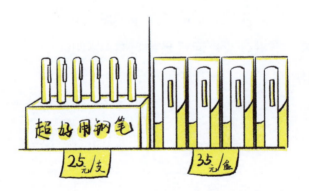

第 19 课
商品陈列：爸爸给漫思布置"逛超市"作业

漫思爸爸要去逛几家超市，学学别人家的经验，好学的漫思非要跟着去凑热闹。漫思爸爸嫌漫思碍手碍脚，不愿带她，可是漫思拽着爸爸的衣角不依不饶。

"好吧，我的小祖宗！"漫思爸爸只好答应带漫思一道，但提了一个要求，"我可是去取经的，你要是非跟着我，那也得有所收获。"接着，漫思爸爸给漫思布置了一道作业——让她在逛超市的过程中细心观察、多多思考，并说出自己的发现。

我可是去取经的，你要是非跟着我，那也得有所收获。

一连逛了好几家超市，漫思留意到，每家超市都把她爱吃的棒棒糖放在收银台旁边。除了棒棒糖，口香糖、巧克力、奶片之类的商品也放在了收银台旁。

这是巧合，还是藏着什么奥秘？

 **货架上什么位置的商品最好卖？**

　　你好呀，小朋友！我是超市货架，就像一双大手，托着琳琅满目的商品供你挑选。我看起来并不起眼，你的视线会在那些商品上移动，甚至都不会注意到我的存在。但是聪明的商家却十分有心，把我的每一个部位都研究得很透彻。

　　为什么有的商品会摆放在我的胸口，而有的会放在我的腰部、膝盖和脚踝的位置？因为我身体的不同部位，对卖东西发挥的作用可是大不相同。比方说，卖给你们小朋友的商品，就要放在我的腰部或者屁股那

黄金陈列区

里，而卖给大人的东西最好放在我的胸口。这些地方最容易被孩子或大人看到，而且又顺手，被称为"黄金陈列区"。

　　超市通常会把高利润和最畅销的东西放在黄金陈列区，以便赚得更多。而物美价廉和不好卖的商品就没有这种待遇啦，它们会被放在我的头和脚的位置，不容易被注意到，因为顾客才不喜欢抬头、弯腰呢！所以，要想买到好而不贵的商品，就不要只盯着眼前顺手的地方，抬抬头、弯弯腰、蹲蹲腿，或许会有更称心的收获哦！

为了让孟子学有所成，孟母择邻而居。超市为了增加销量，也会为商品找邻居。比如，方便面和火腿肠、零食和饮料、牙刷和牙膏……这些好搭档们会摆放在相邻的地方。当你买薯片时，看到旁边有可乐，难道没有随手捎上一瓶的想法吗？

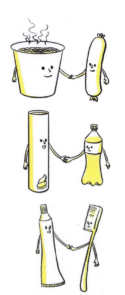

除了找邻居，还有一个妙招叫找对手，就是和竞争对手待在一块儿。新产品和不知名的商品，不容易吸引消费者的注意力，而畅销商品人气旺，会像磁铁一样引来大量顾客。如果将它们放在一起卖，新产品就能沾畅销商品的光，增加自己的销售机会。

　　再说说我那些待在收银台旁的"小不点"货架兄弟，如果你想找口香糖、棒棒糖、巧克力、奶片之类的小东西，去那儿就对了。如果它们和其他商品一起放在我们这些大家伙身上的话，一点都不显眼，找起来也费劲，这可不利于它们顺利卖出去。而摆放在收银台旁，当你排队结账的时候，一眼就能看见它们，说不定会顺手下单哦。

　　商品陈列的小心思还有很多，大家逛超市的时候多观察、多思考，一定会有收获。

假设你是一家小型综合超市的老板,你准备把儿童奶粉放在货架的什么位置,比如第几层?可以看看其他超市是怎么做的,想想是为什么?

第 20 课

储蓄：向银行借钱的漫思爸爸开始存钱了

生意越来越红火，漫思爸爸每天都乐得合不拢嘴。

他把开超市赚到的钱，一部分用来偿还债务，一部分存进银行作为经营超市的流动资金。

"把钱存进银行，钱就可以生钱啦！"漫思爸爸开心地说。

"什么？钱还能生钱？"漫思瞪大了眼睛，惊讶地问道，"难道钱会变魔术吗？"

启蒙小课堂 **为什么银行帮你保管钱，还给你报酬？**

你好呀，小朋友！我是银行。漫思爸爸筹集生意本钱时，还是我及时伸出了援手呢，现在他用赚到的钱来偿还也是天经地义。漫思爸爸不仅不需要向我借钱了，还把多余的钱"借"给了我，这叫储蓄。

你是不是想问，凭啥要把钱放在我这儿保存，自己保存不行吗？因为钱存我这儿好处多多：

第一，更安全。把太多的钱放在家里，不但要防小偷、防水火，甚至还要防爱咬东西的老鼠，不操心吗？而我就像一个上了保险锁的超级储蓄罐，把钱放在这儿，什么都不用担心了。

第二，更方便。你留意没，大人出门买东西时根本不用带现金，使用手机就可以付账，再也没有找零钱的麻烦。这大大提高了支付的速度，减少了排队结账的时间。

第三，我帮你保管钱，不但不收取报酬，还倒给你好处。你把钱存我这儿，我会把它们再借给需要用钱的人，就像漫思爸爸那样的，并向他们收取利息。

举个例子，漫思爸爸向我借了100元钱，按照当时的约定，一年后除了还给我100元钱，还要再支付3元的利息。我会从这赚来的3元钱中拿出一部分（比如1元钱），去犒劳在我这儿存钱的人，而剩下的2元钱就归我所有啦！

总之，存钱对你我都有好处，还帮助了那些需要钱的人，真是"三全其美"！

● 人民币的纸币和硬币上，都有"中国人民银行"几个字。它代表什

么? 那里能存钱吗?

● 银行的标志图形有什么共同点?

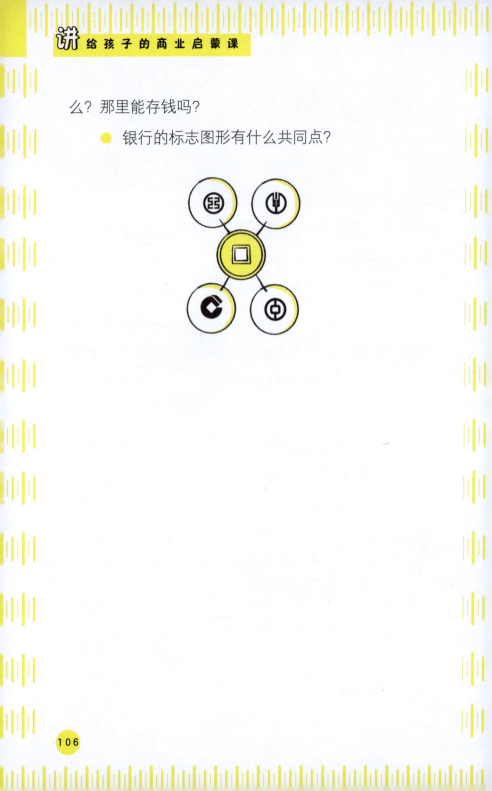

第 21 课

"贝"的故事：为什么钱能买到东西？

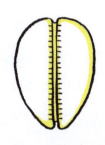

这天，漫思在语文课本上读到了《"贝"的故事》。语文老师让同学们向家人请教几个关于钱的问题，只要是自己不明白的都可以。

作为爸爸的小搭档，漫思每天都会接触钱，对钱的样子再熟悉不过了。但她还从来没有自己独立买过东西，更没有琢磨过为什么钱能买到东西，而自己的拖鞋却不行？

为什么钱能买到东西？

启蒙小课堂 **钱为什么能买到东西？**

你好呀，小朋友！我是钱先生，传说中那个人见人爱的家伙就是我。

在我还没有诞生的遥远的古代，人们进行交易的方式是物物交换。假如漫思穿越到了古代，养了很多咩咩羊，邻居张小明养了很多哼哼猪。漫思想喝猪肉饼汤，于是提出用自己的咩咩羊换张小明的哼哼猪，碰巧张小明也想吃羊肉火锅，好嘛，顺利成交。可是，当漫思再次提出用咩咩羊换哼哼猪时，张小明却不乐意了，说羊肉火锅已经吃腻了，现在想吃牛肉干，所以打算用自己的哼哼猪换陈大花的哞哞牛。漫思的愿望落空了。

大家经常遇到这种情况，怎么办呢？得找一种能扮演"中介"角色的东西来帮忙，大家都愿意接受它，并且承认它可以交换任何物品。我——钱先生，就在这个时候应运而生了。从此，漫思想吃猪肉时不用再管张小明乐不乐意，可以先将羊换成我，再用我去换猪。这时张小明一定不会拒绝，因为他的猪换成我之后，可以用我去换陈大花的牛和任何东西，谁都不会拒绝。

　　在漫长的人类历史长河中，我曾经是贝壳、牲畜、兽皮、布帛、石头、羽毛、狗牙、盐……优胜劣汰，后来我又变成了金属材质的铜钱和金银。现在，我又变成了轻盈的纸币，还有你坐摇摇车时塞进去的那种硬币。大人们更喜欢把我"装"在手机里，方便又安全。我的样子千变万化，全都是为了提高商品交易的效率，方便人们买卖。贝壳钱币呢，早就不能当钱使用了，已经躺在博物馆里睡大觉啦。

入乡随俗，我在每个国家或地区的名字都不一样，目前已经有200多个名字啦。在咱们中国，我叫人民币，在美国叫美元，在英国叫英镑，在欧盟地区叫欧元，在日本叫日元，在俄罗斯叫卢布……你还能说出其他的名字吗？

我还有自己的专属符号呢，比如当我叫人民币时，我的符号是￥。有时我觉得它像一只大头羊，有时又觉得它像长耳兔，好可爱呀！

1元

5元

10元

20元

50元

100元

我不仅是商品交易的工具，还是展示历史和文化的名片。不信你瞅瞅我的后背，上面印着的可都是我国的名胜。我来给大家当个导游吧：1元纸币上是三潭印月，大名鼎鼎的杭州"西湖十景"里就有它；5元纸币上是被誉为"天下第一山"的泰山；10

元纸币上是夔门，这个字大家恐怕还不认识吧？跟着我一起念——kuí。它在长江三峡之一——瞿塘峡的入口处，两岸是断崖峭壁，就像是长江上的一道门；20元纸币上是桂林山水，你肯定听说过"桂林山水甲天下"这句话；50元纸币上是著名的世界遗产——西藏的布达拉宫；100元纸币上是人民大会堂，这是我们国家召开重大会议的地方，领导人也经常在这里和外宾"聊天"。如果你不知道去哪里玩，跟我来准没错！

关于我，就先介绍到这里了。如果你想和我交朋友，就先从学会使用我开始吧！

动动脑

财、贩、贯、货、贫、贪、购、贮、账、贵、费、贷、贺……

仔细看看上面的文字，找出它们的规律，想一想为什么会是这样。再把你想到的其他汉字写下来。

第 22 课

钱买钱：同桌送给漫思一枚外国硬币

　　漫思的同桌张子涵跟家人从国外旅游归来，送给她一枚外国的硬币，这是漫思第一次见到其他国家的钱。硬币正面有一个老人的头像，张子涵说这是一个大文豪。

　　漫思把硬币放在掌心里，翻来覆去地把玩着，问张子涵是从哪里搞到的。

什么？钱还能买钱？哪个超市能买到？我怎么从没见过？

张子涵说是用中国的钱买的，漫思好奇又惊讶："什么？钱还能买钱？哪个超市能买到？我怎么从没见过？"

张子涵翻了个白眼："这都不知道！叫我一声张老师，我就告诉你……"

 **"钱"也有价格吗？**

你好呀，小朋友！我是汇率先生。

每个国家使用的钱并不一样，要想在别的国家买东西，一般来说，需要使用对方的钱（外币）。比方说，猪猪国使用的是猪猪币，牛牛国使用的是牛牛币，

羊羊国使用的是羊羊币。如果一头爱美的猪想买牛牛国的牛角梳，就要先用自己国家的猪猪币买牛牛国的牛牛币，然后再拿着牛牛币去买牛角梳。同样，如果一头牛想去羊羊国旅游，顺便买一批新鲜美味的青草，就要先用自己国家的牛牛币买羊羊国的羊羊币，然后拿着羊羊币去买青草。

那么，1枚猪猪币能买到1枚牛牛币吗？1枚牛牛币能买到1枚羊羊币吗？由于各种原因，通常是不能的。这时就需要我汇率先生闪亮登场了，我就是用一个国家的钱购买另一个国家的钱，所要支付的价格。比如，某天的猪猪币对牛牛币的汇率是6，意思就是说6枚猪猪币可以买到（兑换）1枚牛牛币。

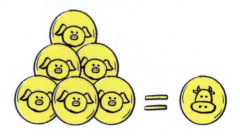

我是怎么形成的呢？一般情况下，商品的价格是由供需关系决定的。当商品供大于求时，价格就下降；当商品供不应求时，

我太吃香了，我要涨价啦！

价格就上涨。钱这种特殊的商品也不例外。举个例子，猪猪国遭遇了一个非常寒冷而漫长的冬天，自产自销的猪皮夹克已经不管用了，它们急需从羊羊国买羊毛衫来保暖。猪猪国的商人忙乎起来了，它们争着用大量猪猪币购买羊羊币，再用羊羊币购买羊毛衫。这时，羊羊国的羊羊币就像本国盛产的羊毛衫一样，比以往更受欢迎，开始供不应求了，所以会涨价。如果大家都不想买羊羊国的东西了，那羊羊币的价格就会下降。

我最擅长做猪皮夹克！

织羊毛衫我最拿手！

猪猪国的居民为什么要去羊羊国买羊毛衫呢？因为猪猪国做不了羊毛衫，就算能做，也没有羊羊国做得拿手和成本低。但是猪猪国擅长做猪皮夹克，穿在身上帅气极了，而羊羊国做不了，就算能做，也没有猪猪国做得拿手和成本低。干脆，猪猪国就专心做猪皮夹克卖给羊羊国，然后用赚到的钱买羊毛衫。羊羊国就专心做羊毛衫卖给猪猪国，然后用赚到的钱买猪皮夹克。各做各的拿手活，然后进行商品交易，这种分工协作对彼此都更有利，是国与国之间做生意的基础。而有了我汇率先生，这种买卖才能顺利进行。

如果你想购买外币，可以去本国的银行，告诉工作人员你要兑换的外币名称和数额，这是最常用的方法。

动动脑

当羊羊国的羊羊币涨价的时候，猪猪国会减少购买羊毛衫吗？为什么？

第23课
通货膨胀：漫思的工资又"还"给了爸爸

漫思从爸爸那儿知道了钱存银行可以得到利息后，也有样学样，把爸爸给她的工资（每个月的零花钱）的一半存进了银行。

"等我上大学的时候，本钱加上利息，一定能买到很多东西了！"漫思掰着指头算起数来，嘴角挂着笑意。

等我上大学的时候，本钱加上利息，一定能买到很多东西了！

咱家超市赚钱了，这是你的投资回报。

漫思爸爸听了却直摇头："我把钱放银行里，可不是图一点利息，那不划算哦！"

漫思不明白，一个劲地挠头，于是漫思爸爸给她讲了通货膨胀的道理。最后，漫思决定将自己的工资投资到爸爸的超市里。

 钱躺在银行里为什么会"蒸发"？

你好呀，小朋友！我是通货膨胀，你叫我通胀先生就好了。如果你逛超市时发现东西大多涨价了，那是我在捣鬼。

几年前的100元钱，可以买到一整袋零食，现在只能买到半袋了。少掉的那半袋去哪儿了？嘿嘿，你

看我的身材就知道了——被我偷吃掉了呗。嗯，我是一个在不停膨胀的胖子，人们把我每年膨胀的比例叫作"通胀率"。

通常，我的身材每年都会比上一年长胖一点儿，导致的结果是，去年95元钱就能买到的

东西，今年要100元钱才能买到。因为只差5元钱，所以有时候你感觉并不明显。

我越来越膨胀，而你的钱能买到的东西越来越少。怎么办呢？让钱生钱的速度超过我的膨胀速度。比如你口袋里有100元钱，假设当年的通胀率是5%，那么它的价值会降低5元，能买到的东西只有上一年95元钱能买到的那么多。怎么办呢？让口袋里的100元钱在当年增加到105元钱，这样就等于保持了它的购买力。

　　把 100 元钱放在银行里存 1 年，大概能获得 2 元钱的利息。但同时，我会让 100 元钱的价值在一年后下降 4 元左右。这里可以得出一个算式：−4+2=−2，你看，实际上还相当于亏了 2 元钱。如果漫思把零花钱存在银行，到十几年后上大学时再取出来，那时漫思拿到手的钱的确会更多，但是能买到的东西可能比现在还少。

　　投资就是对付我的一种办法。比如，漫思把自己的工资投资到爸爸的超市里，超市挣了钱就会和她一起分享收益，这要比把钱存在银行获得的报酬高得多。但是，如果超市经营失败了，那漫思的投入也会像烈日下的水一样消失无踪。所以，为保险起见，绝大多数人仍然选择把闲钱存在银行里。

你积攒的压岁钱是放在储蓄罐里，还是存进了银行呢？如果一直放在储蓄罐里不动，它们能买到的东西可能会越来越少哦！

第 24 课

广告宣传：超市多了只猫，猫引来了新客人

　　这天，漫思灵机一动，把家里的"新成员"——兔牙猫乐乐带到了超市里。乐乐脖子上挂着个小牌子，上面写着超市名字和"本猫不卖"几个字。乐乐很调皮，不怕生人，喜欢和小朋友们玩耍，大家都很喜欢它。很多小朋友因为乐乐而经常光顾，超市的生意更好了。

漫思儿童超市
本猫不卖

漫思爸爸受到启发，将超市名改成了"漫思和猫儿童超市"，并打算借助乐乐的火爆人气，为超市宣传一番。

他在网络上注册了账号，名字就叫漫思和猫，每天发布乐乐和小顾客们开心逗趣的视频，并在周边小区的电梯里张贴广告。不用说，广告中最抢眼的主角自然是乐乐。广告发布后，超市迎来了一批又一批新客人。

 **为什么要打广告？**

你好呀，小朋友！我是大嗓门的广告先生，你可以把我想象成一只喇叭的样子。我的职责是将信息"广而告之"，就像学校的大喇叭对着大家喊：同学们，课间操马上开始了，请抓紧时间到操场集合！

我对商家的作用可大着哩！比如，一家新店开业了，它在哪儿、卖什么、啥特色、有没有优惠活动……我会卖力地吆喝，把这些信息统统传播出去。如果大家产生了兴趣，就可能成为顾客。

别看我一副激情满怀的样子，其实我已经一大把年纪了。很多古人都提到过我，比如唐代诗人杜牧就有这样一句诗："千里莺啼绿

映红，水村山郭酒旗风。"酒旗就是我最古老的一种形式。酒旗一般挂在屋顶或屋前的高杆上，远远就能让人看到，好像在说："客官，这儿有酒，快来喝呀！"从而起到招揽顾客的作用。

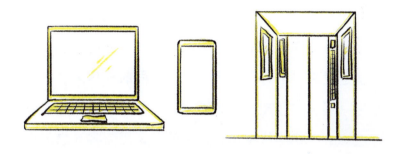

　　随着时代的变化，我的形式也发生了大变样。有时我出现在广播、电视和报刊上，有时我会从电脑和手机的屏幕上冒出来，有时我会耸立在公路旁的大牌子上，有时我会在你家小区的电梯间等你，有时我在商贩的吆喝里：南来的，北往的，瞧一瞧，看一看，你买不了吃亏，你买不了上当……我花样百出，大概比孙悟空的"七十二变"还要多。

我必须先搞清楚谁是我的顾客，再用他们喜欢的形式，在他们能接触到的地方闪亮登场，否则就是浪费钱。漫思爸爸将我发布在超市附近小区的电梯里，就是为了邀请那些还没来过的邻居们大驾光临，同时提醒来过的人别忘了漫思儿童超市，记得常来。如果把我发布在隔壁城市的电梯里，那可就是瞎闹了，因为客人想来也来不了呀！

把口红广告发布在电视儿童频道上，把马鞍广告刊登在《蚂蚁报》上，是正确的做法吗？

第 25 课
占对手"便宜"：漫思去肯德基旁边的麦当劳

由于乐乐的代言，超市这个月的生意好极了，漫思爸爸喜上眉梢，主动给漫思加了"工资"，还答应过几天陪漫思妈妈去逛街，给她买几件新衣服。

> 今晚本老板请你们母女俩吃饭吧，吃什么你们做主！

> 噢！太好了！

"今晚本老板请你们母女俩吃饭吧，吃什么你们做主！"漫思爸爸心情大好，看着漫思说。

"噢！太好了！"漫思跳了起来，脱口而出，"吃肯德基，我好久没吃肯德基了！"

漫思爸爸一向反对漫思吃油炸的快餐食品，但她的确是很久没吃了，心想就满足她吧。

一家人来到肯德基，可是里面已经没有空座了，还有很多人在排队。

"不如我们去麦当劳吧，反正东西都差不多。"漫思急不可耐。

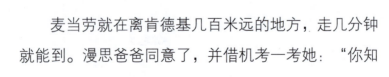

你知道为什么肯德基和麦当劳经常结伴出现吗？

麦当劳就在离肯德基几百米远的地方，走几分钟就能到。漫思爸爸同意了，并借机考一考她："你知道为什么肯德基和麦当劳经常结伴出现吗？"

漫思挠挠头，答不上来。

为什么有肯德基的地方也经常有麦当劳？

肯德基和麦当劳是全球知名的两家快餐连锁店，也是彼此最大的竞争对手。有趣的是，它们却像情侣或好朋友一样，常常成双成对地出现：在离肯德基不远的地方，甚至就在对面，就有一家麦当劳。

这是怎么回事呢？

嗨，咱们又见面了！

真有缘啊！

首先，它们卖的东西和要找的客人基本相同。你在肯德基能吃到的薯条、汉堡、鸡翅、鸡腿、可乐，在麦当劳也有。谁最爱吃这些东西呢？孩子和年轻人。他们经常出现在哪

里？热闹的商圈。这些地方人气旺，肯德基和麦当劳一定会打它们的主意，于是就抬头不见低头见了，好像约好了似的。

其次，肯德基和麦当劳结伴出现，能互相借光，占对方的便宜。假设在一条街上，先开了一家肯德基，它就好比一块磁铁，把爱吃薯条、汉堡、鸡翅、鸡腿和可乐的人吸引到了这里。前人栽树后人乘凉，然后麦当劳也在附近开一家店，就能坐享其成，不用自己再费力去找客人了，多好啊！当然了，挨这么近肯定会产生竞争，但这些地方的旺盛人气可以确保它们都赚到钱。

最喜欢扎堆的恐怕要数餐饮店了。差不多在每个城市，都有大大小小的美食街，吸引着东南西北的食客。美食街的选择更多，大家不用东奔西跑就能找到自己喜欢的，非常方便。

有时候，不必和对手拼个你死我活，和对手站在一起互相借力，才是最好的经营智慧。如果将来你想开一家类似的快餐店，也可以挨着肯德基和麦当劳哦。

动动脑

超市里卖牙膏、牙刷的地方，和卖卫生纸的地方，为什么离得不远？

第 26 课

聪明消费：妈妈教漫思吃自助餐

在去麦当劳的路上，一个散发宣传单的女孩拦住了漫思一家。原来是一家刚开业的自助餐厅，正在举办"开业半价吃"活动。漫思还没吃过自助餐，也不知道什么叫自助餐，眼里露出好奇。

爸爸看出了漫思的心思，试问道："要不咱们今天吃自助餐吧？你还没尝试过呢！"

"嗯！"漫思干脆地同意了。

一进餐厅，漫思就被各种甜点和饮料吸引住了，她手指着食物急切地说："这个……这个……那个，我都要！"可是精明的妈妈阻止了她，让她先吃别的东西。

启蒙小课堂 **怎样吃自助餐最划算？**

你好呀，小朋友！我是自助餐。

我最大的优点是什么？听好了：既不用为点菜费脑筋，也不用花费太多就能享受一顿丰盛的美食。总之一句话——省心又划算，我可真是个魅力十足的家伙啊！

怎样吃自助餐最划算？漫思一开始就选甜点和饮料，真是大错特错！因为这些食物很容易产生"饱腹感"——没吃多少但感觉已经饱了，这样一来，漫思就吃不下其他美食了。而且这些又是餐厅里最便宜的东西，光吃它们就饱了可一点都不划算哦！这就是漫思妈妈阻止她的原因。

要怎样做才算是绝顶聪明呢？我教你一招：把自

己想吃的东西分出次序，比如第一喜欢是烤牛排，第二喜欢是烤鱼，第三喜欢是烤虾……然后从第一喜欢的开始吃，一直吃到"感觉不好吃了"为止。吃够了第一喜欢的，再吃第二喜欢的、第三喜欢的……每一样都吃到"感觉不好吃了"为止。

为什么这种吃法最划算呢？因为划算的意思就是，花最少的钱得到最大的满足。你一旦为我付了餐费，不管你吃多还是吃少，哪怕一口也不吃，也是分文不退。既然如此，吃得越满足自然就是越划算了，而喜欢的东西吃得越多就越能让人满足。

自助餐厅为什么要把甜点、油炸食品和饮料之类的食物，放在最显眼的位置？

第 27 课

<mark>该不该买</mark>：漫思妈妈立志当"三不人"

漫思爸爸说话算数，没过几天，果然陪漫思妈妈去逛街了。漫思妈妈只买了一件当季衣服，却一下子买了好几件物美价廉的反季衣服。

"怎么样，我很会过日子吧？"漫思妈妈得意地夸起了自己。

漫思妈妈虽然很会过日子，但有时也经不住商家打折的诱惑，一冲动就买了许多用处不大的东西，浪费了钱。

怎么样，我很会过日子吧？

前不久，一家购物网站举办一年一度的购物大促销活动，不仅商品价格比平时低，消费者购物还能享受买100元减20元的优惠。漫思妈妈心动不已，不知不觉买了一大堆，光牛仔裤就买了七八条，衣柜都塞不下了。事后一算，当月的花销是平时的好几倍。

漫思爸爸批评了她，漫思妈妈也后悔地说："冲动是魔鬼呀！我要'剁手'！我要当'三不人'！"

什么是"三不人"？

你好呀，小朋友！你一定听说过"冲动是魔鬼"这句话吧？没错，我就是这句话里的魔鬼先生。

我拿着一把名叫"冲动消费"的手枪到处溜达，真是酷毙了！我寻找适合的目标然后扣动扳机，被射中的人会暂时失去"冷静"。他们会在不知不觉中买下自己并不真正需要的东西，或者一口气买太多，或者买下超出自己经济能力的昂贵商品。偷窥着他们疯狂的样子，我忍不住发出奸笑。哼哼！

我的子弹就是商家搞的各种促销活动，什么换季打折啦、购物抽奖啦、买三送一啦……只要弹药够足，就能顺利击碎人们的理智。拿打折来说，8折不行就6折，还不行就5折，总有一折叫你们乖乖投降。有些人高估了自己的抵抗力，他们头脑里最常出现的是"我想要"，而不是"该不该买"，所以最容易成为我的手下败将。

有的人平时保持着冷静，很难对付，我会等待时机，找个理由麻痹他们，比如："发了工资要犒劳一下自己哦""今天是儿童节哦，买几件好看的衣服吧"。哈哈，他们就像蚂蚁看到了糖一样，情不自禁地掏起了腰包，比如漫思妈妈。

我最畏惧的是"三不人"，不管商家使用什么样的诱饵，他们都坚持着自己的购物原则：

第一，不跟风。就算大家都买了，如果自己不需要，也绝不会买。

第二，不贪小便宜。什么满100元减5元啦、买个玩具送一只橡皮啦……如果买回来派不上用场，或者用不完，那不就是图小便宜反吃亏的浪费吗？所以也绝不心动。

第三，不虚荣。绝不因为爱面子而购买超出自己能力的物品。爸爸妈妈收入不高，没钱给自己买昂贵的名牌衣服，那就穿校服呗，也不错呀！

如果你也能做到这几点，我就对你束手无策啦！

还有一种人我真是佩服得五体投地，就差磕头了。他们清楚自己想要什么，要多少，然后在心里列个清单，不是十万火急的话，等到商家大促销时再买。最牛的是，他们冷静但不吝啬，舍得在学习上大方地花钱。每当有图书打折活动时，他们总会狠狠地买，好像钱是大风吹来的似的。

动动脑

漫思妈妈说自己要"剁手"，是打算再买一把菜刀的意思吗？

我要"剁手"！

第28课

拒绝推荐：漫思妈妈"指名道姓"买感冒药

漫思晚上睡觉吹空调着凉了，又是咳嗽又是流鼻涕，漫思妈妈带她去买儿童感冒药。进了药店，漫思嘴快，张口就对店员说要买感冒药。

"25元。"店员一脸热情，转身从药架取下一盒感冒药。

请给我壮牛牌的，我们家一直用，效果挺好。

漫思妈妈瞄了一眼，发现不是自己熟悉的牌子，还挺贵，便婉拒道："请给我壮牛牌的，我们家一直用，效果挺好。"

店员脸上的笑容突然消失了，有点不情愿地从药架最里层掏出了漫思妈妈想要的那个牌子。

漫思妈妈付了 12 元，拿着壮牛牌感冒药满意地离开了。

 **为什么药店爱推荐没名气的药?**

你好呀，小朋友！我是药店工作人员药药小姐。

在我的眼里，顾客大致有两种：一种像漫思，要买治病的药，但不太挑药的牌子；另一种像漫思妈妈，买药时有明确的选择，指名购买。

　　我会更喜欢谁呢？当然是漫思这样的。既然他们不挑牌子，我就会热情推荐那些没有名气的牌子，它们被统称为"杂牌药"。我喜欢卖杂牌药，因为通常情况下，它们的利润更大。

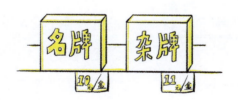

　　杂牌药之所以没有名气，一个很重要的原因是宣传不够，不打广告或者很少打广告，省下了不菲的广告费。杂牌药比名牌药少了宣传成本，就有底气以更低的价格批发给药店进行销售。假设某药店有两种感冒药，一种名气很大，但是药店的进价是 5 元 / 盒，卖 15 元 / 盒，卖 1 盒赚 10 元。另一种是"无名小卒"，卖 13 元甚至比一些大牌药还要贵，但进价是 2 元，卖一盒能赚 11 元。既然没名气的比有名气的更有赚头，我当然优先推荐没名气的了。

还有一种情况：有名气的大牌子和老牌子，为了稳固和扩大市场份额，保持着较低的价格。对顾客来说这是物美价廉，但对药店而言就没有多少赚头了，所以我没有兴趣主动推销它们。我会把利润更大的杂牌药放在药架更显眼的位置，增加它们卖出去的机会。那些名气大、受欢迎的药，我会故意放在药架靠下面的地方，你不把腰弯成"彩虹"休想找得着！

像感冒药这类生活常用药，大牌子和老牌子的疗效更有保障，而且价格通常更便宜。最聪明的做法，就是像漫思妈妈那样"指名道姓"地买药，虽然我不情愿，但也无可奈何。

　　和没名气的商品相比，名气大的商品有的更贵，有的更便宜，这是为什么？

第 29 课

遭遇假冒：漫思在同名超市发现了"粤利粤"

好景不长，漫思和猫儿童超市的生意变差了。漫思一家不得其解，发起愁来。乐乐也因为超市顾客少了，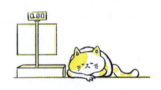

不再有那么多的小朋友和自己玩耍而变得无精打采。

这是怎么回事呢？

原来是有人偷偷在附近开了一家假冒的超市，超市的门头和名字，与漫思和猫儿童超市一模一样，就像是用复印机复印出来的似的。

哼！太可恶啦！

漫思还在假冒超市里发现，自己爱吃的"奥利奥"饼干竟然变成了"粤利粤"。

"哼！太可恶啦！"漫思气得直跺脚。

启蒙小课堂　**商家为什么卖冒牌货？**

你好呀，小朋友！我的名字叫粤利粤，交个朋友吧……呜呜呜，你们都不搭理我！哎，这都怨我自己，谁叫我是一个不诚实的假冒货呢！

本来，我只是一盒平平常常、正正经经的饼干，如果老板不故意给我起这个名字，不给我穿上和奥利奥一样的衣服，我就不会落到受人鄙视的境地了。

我气愤地质问过我的老板："你为什么要这样做？"他轻蔑地瞥了我一眼，一边数钱一边得意地说："奥利奥名气大，受欢迎呀，我就是要让大家把你错当成奥利奥，这样才会买你呀！要不然，像你这种默默无闻的货色，有几个人会拿正眼瞧你？"

"可是你在骗人，真正的奥利奥也会因此遭受损失，这是违法行为！"我义正词严地反驳。

"哼，我管它呢，反正这样可以帮我大赚一笔！"老板踢了我一脚，威胁说，"你再废话，我就把你踩成渣！"

你看，我的老板就是这样一个利欲熏心的无良商人，为了牟利什么也不顾。可是我太弱小了，什么也改变不了。当我和那些同样是假冒商品的同伙们出现在货架上时，我真心希望别被你们看见。如果我有一张嘴，我宁愿把自己嚼得粉身碎骨，也不愿骗你们。

你知道我经常藏身的地方吗？那些知名的超市和商场，要求高、管得严，我没法蒙混过关。城里的其他超市呢，由于大家见多识广，很容易辨别冒牌货，我们也难有容身之地。所以我们总是被鬼鬼祟祟地送往城郊和农村的小商店里，卖给那些识字不多的老人

和孩子。大家在这些地方买东西时，可一定要看仔细了哟！

　　让我感到欣慰的是，咱们国家打击假冒伪劣商品的拳头越来越重，我们的藏身之地，就像人脸上正在治疗的疮疤，越来越少了。我衷心地希望，我和同伙们的末日早日来临。

　　小朋友们，我已经亮明我的态度了，希望你们能接受我、喜欢我——哦，不，你们不应该接受我，我的存在本身就是一个错误。

为什么有些品牌会"假冒"自己，比如大家熟悉的娃哈哈就同时注册了哈哈娃、哈娃娃、娃娃哈等商标？

第 30 课
商标维权：气愤的漫思爸爸请出了"护卫"

漫思爸爸去找冒牌超市的老板说理，不料对方的态度十分嚣张，用屁股对着漫思爸爸说："那又怎么样？凭什么就你能用这个名字？"

那又怎么样？凭什么就你能用这个名字？

漫思爸爸简直要气炸了，从包里拿出证据，义正词严地大声说："'漫思和猫儿童超市'是注册商标，你的抄袭行为侵犯了我的合法权益！你必须马上改掉超市名字，否则法庭见！"

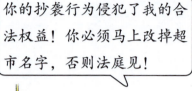

"呜呜……"乐乐也发出低沉的声音，气冲冲地盯着那老板。

老板一下子愣住了，态度来了个180度大转弯，赔着笑说："大哥别生气，咱们坐下聊，好商量！"

你好呀，小朋友！我是商标。绝大多数时候，我会以文字、图形或者文字和图形搭档的形式，出现在商品上，成为一种商品独特的符号，比如旺仔牛奶的"旺仔"、KFC（肯德基），还有故事中的"漫思和猫"。

别看我身材不大，老板却十分器重我，总会想方设法让我变得醒目，好让大家一眼就能认出我。为了让人眼睛一亮，我的老板也挺舍得为我花钱，请设计师为我设计好看又好记的造型。因为很多顾客是冲着我的面子掏钱的，是我帮助商家和商品建立了宝贵的信誉。人们赞赏我的品德，认可我的品质，才会买得放心，用得安心。我的名气越大，我的价值就越大，我的老板就越珍惜我，顾客就越喜欢我，而竞争对手就越讨厌我。

　　有时候，我会和"护卫"®同时出现，这代表我是受到法律保护的。如果有人不经过我的同意就擅自使用我，就是违法行为。因为"漫思和猫"有"护卫"®，所以只有漫思爸爸才有权使用，其他人想用的话必须得到他的同意（授权）。如果我不带"护卫"®，那么就算别人使用了一模一样的我，漫思爸爸也只能白生气、干瞪眼。

　　你看，"护卫"®像不像《西游记》里孙悟空画的那个圈？保护着唐僧、八戒和沙僧，让妖怪白骨精胆战心惊。"护卫"®总是待在我的右侧，和我形影不离，让我闯荡商海时心里踏实。

亲爱的小朋友，如果你将来选择经商之路，一定要重视我的作用，并尽早给我请来"护卫"®哦！

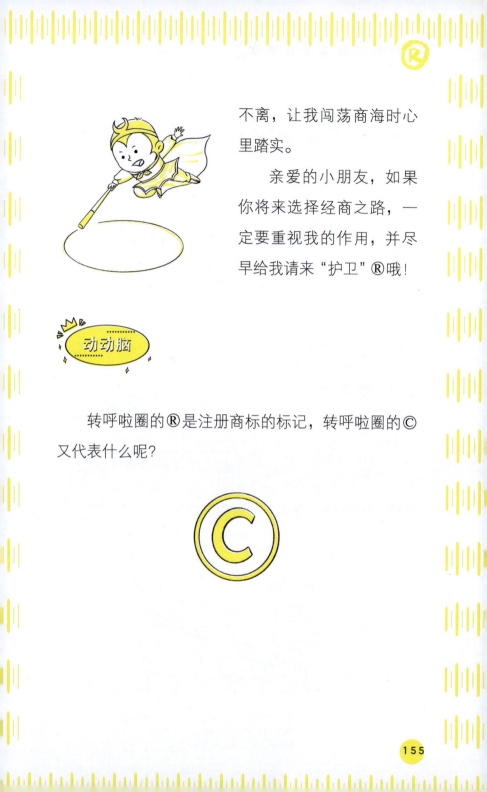

动动脑

转呼啦圈的®是注册商标的标记，转呼啦圈的©又代表什么呢？

第31课

富豪榜：漫思爸爸夸自己是商业奇才

漫思爸爸抓住秋季开学这个机会，举办文具促销活动，效果棒棒的。

真的吗？

我就说我是商业奇才吧，你妈还不信。哼！

爸爸，你可真厉害，我越来越崇拜你了！

"爸爸，你可真厉害，我越来越崇拜你了！"漫思伸出大拇指。

　　"真的吗？"漫思爸爸得意极了，也忍不住夸起自己来，"我就说我是商业奇才吧，你妈还不信。哼！"

　　"瞧你能耐的，以后你还能登上富豪排行榜呢！"漫思妈妈翻了个白眼，讽刺道。

富豪排行榜上有什么？

　　你好呀，小朋友！我是富豪排行榜，顾名思义，就是给大富豪们排名次。

　　我通常每年发一次榜，告诉大家谁是过去一年中最富有的那批人。每年的榜单都会有变化，有从未登榜的人登榜了，有以前上榜的人名次下滑了，也有人从榜单上悄悄地消失了，甚至从富翁变成负债累累的"负翁"。我冷静地看待这一切。

　　上榜的富豪们有众多竞争对手，我们富豪排行榜之间也相互竞争，说几个大家比较熟悉的：《福布斯》富豪排行榜、彭博亿万富翁排行榜、胡润财富榜、《财富》500强排行榜（以企业为主）。它们的名气和影响力都很大，每次发榜都会掀起一波关于财富的讨论。

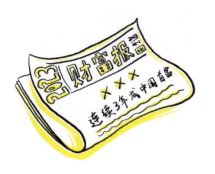

我们云集了世界各地的富豪，上榜的人和企业都非常出色，榜单上的冠军更是风光无限，会被媒体关注和百姓谈论。如果能连续数年霸榜，那差不多就家喻户晓了。富豪们创造的产品和服务、展现的智慧，改变了人们的生活，为社会进步做出了贡献，财富和名声是对他们的奖赏。

有很多人不喜欢我，说：富豪和我有什么关系？看别人那么有钱而自己却没什么钱，不是给自己添堵吗？哇哦，"酸葡萄"味好浓啊！正所谓"外行看热闹，内行看门道"，我给富豪排名次，可不是为你提供茶余饭后的谈资，更不是让你去眼馋别人的财富，而是在向你推荐学习的榜样。如果说真金白银是他们的财富，那他们对待财富的态度，他们坚定的信念、乐观的心态、果敢的行动、锲而不舍的精神以及成功的经验，则是全人类的共同财富。有心的人会从我公布的富豪身上，破解财富的密码。

富豪并不神秘，财富并非遥不可及。只要你掌握了创造财富的奥秘，拥有了拥抱财富的能力，财富会像铁屑向磁铁聚拢一样靠近你。也许有一天，你也会成为我笔下的大富豪。我好期待呀！

从名字展开联想，你觉得谁是动物世界的大富翁？

第 32 课

爱心·捐赠：漫思爸爸创造出了"看不见"的钱

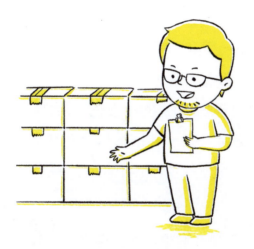

超市的生意越来越好，为了感谢大家对自己的关照，漫思爸爸为社区志愿者服务队捐赠了一些钱和物品，还给本小区困难家庭的孩子赠送了一批爱心文具，勉励他们发奋读书，努力实现梦想。

漫思爸爸有一颗爱心，大家也心存感激，更愿意光顾漫思和猫儿童超市了。

商人创造的"两种钱"都是什么？

你好呀，小朋友！
我是一颗爱心，住在漫
思爸爸的身体里，和他
的心脏是好邻居。我就
像冬天里的一副羊毛手
套，谁遇到我都会感到温暖。

　　漫思爸爸数钱的时候，他的心跳会加快，好像还
边跳边得意地大笑："商业奇才，舍我其谁？哈哈哈！"
住在他心脏隔壁的我，跟着他的心跳起伏，就像跳蹦
蹦床一样。

　　我由衷地为漫思爸
爸感到高兴，不禁唱起
了大歌星刘德华的《恭
喜发财》："我恭喜
你发财，我恭喜你精
彩……"

我挺喜欢漫思爸爸，因为他不仅是一个聪明的商人，更是一个装得下我的商人。他经常提醒自己：既要赚看得见的钱，也要创造看不见的"钱"。说得真棒，我要给他点赞！

既要赚看得见的钱，也要创造看不见的"钱"。

漫思爸爸口中的看不见的"钱"，究竟是什么呢？

漫思爸爸在经营过程中，依靠自己的聪明才智和诚实守信的品德，受到了顾客和合作伙伴的欢迎，得到了财富先生的青睐。漫思爸爸赚了钱，让家人过上了更好的生活，还力所能及地向陌生人伸出援手，点燃他们心中的希望之火，帮助他们走出困境。这些优秀的品质，以及他身体里暖融融的我，就是他创造出的看不见的"钱"——精神财富，值得大家学习。

君子爱财，取之有道。唯利是图、损人利己，乃至动坏心思偷税逃税，就算一时给自己带来了利益，也不可能长久，这也绝不是真正的财富。如果对商人进行期末考试，遵纪守法、积极纳税只能获得及格分。而像漫思爸爸那样在致富的同时助人为乐，才是真正的"学霸"哦！

不向社会捐助财物的企业家不值得尊重，这话对吗？为什么？

第33课

恶性竞争：是谁在背后说超市的坏话？

这天，漫思的好朋友章晓晓匆匆跑过来，凑近漫思的耳朵说："刚才我听到操场那边有人在说你家超市的坏话，说卖的全是质量很差的东西，叫大家千万不要去。"

"啊?！谁在胡说八道？"漫思惊讶地瞪大了眼睛，然后跑过去找到了那个说坏话的人，原来是同年级的陈小曼。陈小曼正对着几个同学在信口开河地骂漫思和猫儿童超市。

"你造谣！你胡说！请闭嘴！"漫思又气又急，一把拽住陈小曼的衣服，"我们找老师去！"

老师一盘问，搞明白了原委：陈小曼正是那假冒超市家的孩子。她对漫思和猫儿童超市怀恨在心，所以故意散布谣言。

你好呀，小朋友！我是竞争先生，我旁边这位也是竞争先生。我们虽是孪生兄弟，但讨厌彼此，根本玩不到一块儿。为了便于区分，你姑且叫我好先生，叫他坏先生吧。

你知道"市场蛋糕"这个说法吗？就是指顾客口袋里的钱。做生意就是为了赚顾客口袋里的钱，就是和同行一起瓜分"市场蛋糕"。谁都希望自己得到的蛋糕越大越好，但蛋糕毕竟就那么大，你有了，别人可能就没有了，你得到的多了，别人得到的就少了，就像一群公鸡在抢食一把米。

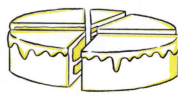

　　我，好先生，像一个循循善诱的教练和裁判。我总是撸起袖子勉励大家："努力服务好顾客吧，只要顾客喜欢你，就不必害怕竞争对手。当你做得比对手更好时，顾客有什么理由不选择你呢？加油！"

　　我也时常提醒人们，如果一个地方抢蛋糕的人太多了，蛋糕已经被瓜分得只剩一点渣渣，那就别再往里挤了，不如换个地方去吃新出炉的蛋糕吧。也许在这儿，因为你来得最早，所以能吃到最大的那份。

只要顾客喜欢你，就不必害怕竞争对手。

降价吧！只要降价了，顾客就会投入你的怀抱。

　　坏先生呢，最喜欢挑唆人们"掐架"，发动价格战。它对张老板说："降价吧！只要降价了，顾客就会投入你的怀抱。"张老板降价了，顾客一看，哟，他家更便宜啊，呼啦啦都跑过去了。李老板心里嘀咕着：不行，我也得降价，把我的客人抢回来。我还要比张老板降得更多，把他家的客人也抢过来。眼看张老板和李老板都降价了，王老板、刘老板和陈老板也坐不住了，纷纷跟着降价，一家比一家狠。没过多久，实力弱的王老板、刘老板和陈老板因为价格低到亏本，干不下去了。张老板和李老板还活着，但也赚不到多少钱。钱少了，也就没有能力去提高产品质量和服务水平了，顾客也开始抱怨不休。面对这种糟糕的结局，大家懊悔不已，这才想起去找坏先生算账，可它早就溜了。

有时候，不讲武德的坏先生玩过了火，竟然鼓动大家像陈小曼那样编造对手的坏话，到处散播谣言，给对手的名誉抹黑。对于这样的行为当然不  能姑息纵容，大家可以通过法律途径，让坏先生为自己做的坏事付出代价。

市场上有种牛奶雪糕，每支的价格在 5 元左右，但有个新牌子每支只卖 1 元。它会给你什么样的印象？你会买吗？

第 34 课

商品包装：会过日子的漫思妈妈怎样买月饼？

中秋节到了，漫思和妈妈一起去商场买月饼。

199元/盒　　　　30元/斤

漫思妈妈一共买了 3 份，其中两份有包装盒，打算送给亲戚。包装盒和漫思的书包一般大，非常精美，里面装着 6 个小月饼，净重 1 斤，每盒卖 199 元。

另一份是散装称重的月饼，每斤只要 30 元，比有包装盒的月饼便宜很多，并且有好几种口味。

买散装月饼更实惠。

漫思和妈妈尝了一下，都挺喜欢，最后买了漫思爱吃的蛋黄和豆沙两种口味。漫思妈妈说，自家吃买散装月饼更实惠。

 **启蒙小课堂** **商品"穿"得太好看是浪费吗？**

你好呀，小朋友！我是月饼，包装是我的衣服。

散装的我穿得非常朴素，就像夏天在大树下乘凉的人们，一件背心加一条短裤就足够了。我乐于展示真实的自己，让大家一眼就看透我。我的座右铭是"实惠就好"，所以价格也和我的穿着一样朴实，很多人夸我就像勤俭持家的小媳妇。如果你打算买了自己吃，散装的我可是很不错的选择哦！

　　好马配好鞍，我的主人也会把我装进精美的包装盒，让我看起来就像刚从化妆室走出来的公主。这样的我不仅能俘获你的嘴巴，还能吸引你的眼睛呢，这就叫"秀色可餐"！不用说，我现在肯定比背心加短裤那个模样更值钱，因为你不仅要为我的好吃买单，还要为我的好看付款。

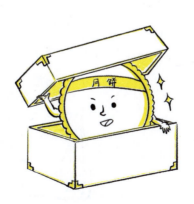

　　不过，我很讨厌被打扮得过了头。有时候，我的主人用贵重的材料为我做华丽的衣裳，还给我穿得里三层外三层，让我看上去派头十足。唉！我到底是一盒给大家吃的月饼，还是花里胡哨的俄罗斯套娃呀？

　　对这种过分的行为，我会大声责问我的老板："嘿！麻烦你搞清楚谁是主角，是我！是我！我的衣服只是配角而已！你把我的衣服搞得那么惹眼，好像它成了主角，我倒成了丫鬟似的。我很不高兴，我不干！"

　　你知道吗？我的主人可不会白白让我穿得如此金贵，他花在我身上的每一分钱，都会从你们的口袋里加倍地掏回去，我都替你们感到心疼。当我被吃了以后，这些豪华的衣服就成了污染环境的垃圾，让我们一起大声说"不"！

你把我的衣服搞得那么惹眼，好像它成了主角，我倒成了丫鬟似的。

　　小区旁水果摊上的水果一般按斤称，医院附近水果店里的水果大多套着网兜，还有包装盒。为什么会有这样的区别？

 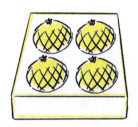

第 35 课

旅行发现：景区的东西比外面更贵

漫思爸爸决定趁"十一"假期带漫思去外省旅游，实现她坐飞机看白云的愿望。出发前，精打细算的漫思妈妈在提包里备了几个水果，说机场的东西贵。

景区里的东西比较贵，我们买几瓶饮料带进去。

到了目的地，正式游玩前，妈妈又说景区的东西比外面贵，然后买了几瓶饮料随身带上。

进了景区，漫思发现里面只有几家小商店，商品的种类也不多，但东西都比别的地方贵不少。如果把同一种饮料在普通商店里的价格比作小矮人的话，那么它在景区的价格就是高高的电线杆。

漫思皱眉思考着，搞不明白。

 **为什么同样的东西，在景区更贵？**

你好呀，小朋友！我是景区 4 元 1 瓶的汽水。在别的地方，比如你们小区附近的超市，我只卖 2 元 1 瓶。不管在哪里卖，我的分量和味道都一模一样，但身价却大不同。即使如此，

很多游客照样乐意为我掏钱。

在漫思爸爸招聘超市员工那一篇，工资先生已经告诉你商品的价格是怎么形成的。一起来复习下：商品供大于求，也就是卖的数量比买的数量多，价格就下降；供不应求，也就是买的数量比卖的数量多，价格就上涨。景区由于位置偏远等原因，里面出售的商品数量十分有限，而游客需要的商品数量却比较多，所以价格会比通常情况下要高。

从中你得到了什么启发吗？

如果你想成为一个优秀的商人，就必须时刻关注你要卖的东西，是供不应求还是供大于求。有些商品的数量已经超

过了顾客需要的数量，你再去销售这样的东西，当然就很难卖得掉喽。好比 1 颗巧克力让 10 个小朋友分

享，大家都抢着要。把10颗巧克力全给1个小朋友呢，那他的胃可就装不下了。如果这时你销售巧克力，赚钱能容易吗？

　　说到这儿，我要夸一夸漫思爸爸，他懂这个道理。漫思家小区周围已经有好几家综合超市，附近的顾客就那么多，如果这时还要再开同类的超市，很容易失败。但漫思爸爸开的超市可不一样，它是专门为孩子们服务的，附近只此一家，有猫的儿童超市更是独一无二，这些都是它的"稀缺性"，因此更容易获得成功。总之呢，最好做的生意是"物以稀为贵"的生意，最聪明的赚钱思路是"与众不同"。

　　如果你是个勤俭节约的消费者，不妨学学漫思妈妈，掐准了商品供大于求的时机去消费。比如，漫思妈妈喜欢在秋天到来时买夏装，在春天到来时买冬装。因为季节交替时，人们对上一个季节的衣服已经没有什么兴趣了。为了尽快卖掉这些"过时"的产品，很多商家会进行降价促销，这时去买经常能捡到"便宜"。

我再给你举个旅游的例子。景区的门票价格，淡季便宜，旺季贵。漫思一家出游的国庆长假是旅游的旺季，游客像潮水一样猛涨，比平时多得多，而景区能接待的人数并没有跟着增加，所以门票就比淡季要贵一些。景区附近宾馆、饭店的价格，同样会因为顾客的大量增加而提高。所以，如果条件允许，不如在游客少的淡季出门游玩，既省钱，又不用人挤人，玩得更舒心。

动动脑

为什么机场和火车站里的东西比外面贵？

第 36 课
名人效应：厂家请乐乐为猫粮代言

年底，乐乐因为深受欢迎，被邀请参加全市宠物大赛，荣获"最可爱猫咪"称号。不久，乐乐又作为本市代表参加全国宠物大赛，一举夺冠。

"咔！咔！咔！"乐乐的靓照登上了各大媒体，一时间人气爆棚。精明的宠物食品生产商纷纷登门拜访，邀请乐乐为他们的商品代言。为了对消费者负责，经过比较，漫思爸爸打算让乐乐为猫见笑牌猫粮代言，并让乐乐试吃了一个月，口感和营养都倍儿棒，这才签订了合作协议。

乐乐的代言广告在电视上播出后，它的名气快赶上动画片里的黑猫警长了。

 **名人代言的商品为什么更好卖？**

你好呀，小朋友！我是为猫粮代言的乐乐。

人们喜欢我，爱屋及乌，我推荐的猫粮也会被另眼相看。

大家心想：既然是我

喜欢的东西，那它一定不错，其他猫也会喜欢。漫思爸爸说这叫"名人效应"，又叫"光环效应"，嗨，要我说，就叫"沾光效应"得了。作为一只大名鼎鼎、大受欢迎、大为不同的猫，猫粮生产商请我做代言猫，真是慧眼识珠啊，我真的可以帮他们的产品大卖。

　　我和小主人漫思一起看电视、玩手机，发现上面有很多名人代言的商品广告，其中除了各行各业的大明星，也有不少知名的卡通角色。小主人逛超市时，也会被有动画片主人公模样包装的零食吸引住，眼神像被胶水粘上去了似的，不肯挪开。看来，商家借用名人效应这招是真管用啊！我想，如果大诗人骆宾王笔下的白鹅能活到今天，以它的名气，商家一定会抢着请它为自家商品打广告的。

为商家代言，本猫可是要收费的。我的名气越大，代言效果就越好，就越能帮商家卖货赚钱，我的劳务费也越高。我的好形象和大名气也是一种商品，产品代言费就是我出售它们获得的报酬。漫思爸爸真是得大便宜了，如果他不是我的主人，想让我为超市做宣传，我也非收费不可！

自从出名以后，我真是忙得要命，来找我合作的人快把超市的门槛都踏破啦！不过我很讲原则，请我给秋田犬和奶香猪的口粮做代言的人，都被我委婉地劝退了。我从没吃过这些东西，怎能瞎夸它们呢，否则我不成骗子了嘛！漫思最喜欢的口头禅就是"骗人是小狗"，我做猫挺好的，可不想做这样缺德的事。而且漫思爸爸还警告过我，说这种行为是违反

《中华人民共和国广告法》的，绝不能干，要坚持做一只"君子爱财，取之有道"的良心好猫。

只有名人才能为商品代言吗？其实普通人也可以，但一定要符合商品特点，比如宝宝的妈妈为婴儿奶粉代言，就比较合适。但一般情况下，普通人代言商品的效果没有名人那么好。

炎热的夏天到了，山羊老板生产了一批很酷的"美羊"牌太阳镜，打算卖给山羊一族。山羊老板觉得大灰狼的形象很酷，能展现这批太阳镜的特点，打算请它代言。你觉得山羊老板的想法对吗？

第 37 课

网上开店：乐乐的猫爪签名飞向天南海北

越来越多的小顾客冲着乐乐的名气而来，他们和乐乐一起玩耍，一起合影，临走时也顺便买上自己需要的商品。不用说，超市的生意更红火了，漫思一家也忙得不可开交。

令人苦恼的是，因为漫思和猫儿童超市只有一家，离得远的人想来光顾却来不了。全家人经过一番商量，决定开一家网店，由漫思妈妈负责打理。

顾客只要在我们的网店买东西，就可以得到一张有猫爪签名的照片，怎么样？

漫思转动着眼珠子，灵机一动："我们可以把乐乐那些调皮搞怪的照片放到网店里去呀！顾客只要在我们的网店买东西，就可以得到一张有猫爪签名的照片，怎么样？"

漫思爸爸跷起大拇指，接过话茬说："再以乐乐的口吻写上对顾客的祝福。"

漫思妈妈一口就同意了："好主意啊，还是你们父女俩鬼点子多！"

漫思得意地笑了。

再以乐乐的口吻写上对顾客的祝福。

为什么网店里的东西通常更便宜？

你好呀，小朋友！我是在漫思和猫儿童超市网店里出售的笑脸熊。

有了网店后，漫思一家再也不用担心客人来不了啦。他们足不出户，只要在电脑或手机上动动手指，我就会带着迷人的微笑，钻进快递员的包裹里，"飞"到客人的怀中。

本来，我只在漫思爸爸的超市里卖，顾客都是附近的人，数量有限，我卖着卖着就卖不动了。现在好了，哪怕顾客远在天边，都能在漫思妈妈的网店里买到我，所以我的销量一下子"蹿"上去了。可不单是我，其他商品卖掉了更多，漫思一家的经营收入自然就更上一层楼喽。

还有，在漫思爸爸的超市里，因为场地和货架的空间有限，我只有光头强、奥特曼、白雪公主和小猪佩奇

等十几个玩具朋友。而漫思妈妈的网店，空间无限大，展示多少玩具伙伴都毫无问题，真是太棒了！

网店对消费者又有什么好处呢？嗯，除了方便还有便宜。就拿我来说吧，我在漫思妈妈的网店里就比在漫思爸爸的超市

里卖得更便宜。其实这一点都不奇怪，因为没有地理位置的限制，我的顾客更多了，所以可以薄利多销，赚得更多。比如，我在漫思爸爸的超市里每天只能卖2个，每个赚20元，一天总共能赚40元。在漫思妈妈的网店里呢，我可以降低价格吸引天南海北的顾客，降价后虽然每个只能赚10元，但每天能卖掉10个，那么一天总共能赚100元，是不是赚得更多了？

漫思爸爸的超市和漫思妈妈的网店，各有各的优点和缺点。在漫思爸爸的超市里，东西看得见、摸得着，可以仔细挑选，买得更放心，更满意。拿我的邻

居童鞋来说吧，每一个顾客在下单之前都会穿到脚上试一试，对着镜子走一走，体验一下好不好看、合不合脚，满意了才买。但是在漫思妈妈的网店里，就只能看图片了，东西到手后可能会发现并没有图片上那么好看和好穿。听说本书的作者叔叔，因为太瘦，从网店里买的很多衣服都不合身，既浪费时间又浪费钱，还赔上了好心情，好懊恼啊！所以大家对不同的商品要区别对待，有的可以在网上购买，便宜又方便。而有些最好在实体店购买，体验后再做决定，免得懊悔。

你妈妈花 5 元钱，从网店里为你买了一双袜子。两天后，袜子从 800 多公里外的城市寄到了你的手上。网店这样做为什么并不会亏本？

第 38 课
"拉钩上吊"：漫思爸爸与合作伙伴签订合同

为了发挥乐乐的商业价值，漫思爸爸打算定制一批以乐乐为主题的创意商品，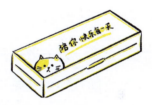
在笔记本、文具盒、书封皮和钢笔上印上乐乐的卡通形象和一句话——陪你快乐每一天。

没问题，我保证准时交货！

漫思爸爸与一家企业洽谈合作，要求在半个月内收货。企业老板"嘭嘭嘭"拍着胸脯说："没问题，我保证准时交货！"

接着，他们共同拟定了合同内容，写明了交货时间、质量要求、违约责任以及付款方式等。

漫思爸爸向来是个讲诚信的商人，他按照约定及时预付了定金。对方收款后立即安排生产，最终的交货时间比合同规定的还提前了几天，产品质量也很高。这是一次愉快的合作。

 **商业合作为什么要签订合同？**

你好呀，小朋友！我是合同先生，记录着人们的各种约定和承诺。

也许我们还没有正式碰过面，但已经用另一种方式打过交道了。比如，爸爸答应周末带你去迪士尼玩，你弯起小拇指开心地说："拉钩上吊，一百年不许变！骗人是小狗！"这相当于立了个口头上的合同，"拉钩上吊"就好比是合同的签订仪式，你用这个动作提醒爸爸说话要算数，不然会变成小狗"汪汪汪"的！

既然"拉钩上吊"是口头合同，那就不太可靠。大人不是经常向你许诺，结果转眼就忘了吗？你信誓旦旦答应爸爸妈妈的事，不也经常找各种奇怪的借口不承认吗？

商业就是利益交换。如果人们拿我不当回事儿，背信弃义了我也只能干瞪眼的话，那一定会有人干出损人利己的勾当。久而久之，就没有人再相信我的权威，我也就没有存在的价值了。人类的经济活动也会因为充满了风险而难以开展，又怎能创造财富呢？

所以，我请来了不苟言笑的法律先生担任监督员。他制定了各种惩罚措施来约束人们，谁要是说话不算数，不遵守约定和承诺，就打谁的"屁屁"，让他付出代价。例如，在漫思爸爸与合作伙伴签订的合同里，就明明白白地写着，对方如果不能按时交货，要赔偿自己10000元。有了法律先生的保驾护航，大家的心里如同有了个"紧箍咒"，不敢轻易动歪心思，合作因此更加可靠了。

如果不用法律先生盯着，你也能做到说话算数，那一定会吸引来更多的合作伙伴，共同成就彼此。总之，诚实守信是经营生意的威力法宝，是驶向财富大海的航船。

重读一遍《草船借箭》这篇课文，想象一下这样的画面：身材魁梧的周瑜伸出小拇指对诸葛亮说：

"10万支箭就靠你了，咱们拉钩！"诸葛亮说："真对你无语，都多大的人了，还拉钩，羞不羞？我保证在三天之内完成任务就是了。"

想一想：课文里的周瑜为什么要让诸葛亮立下军令状，军令状与商业中的合同又有什么共同之处呢？

第 39 课

诚信纳税：漫思爸爸被税先生表扬了

　　漫思爸爸坚持诚信经营，从不弄虚作假，该交的税一分也不少交。

　　漫思和猫儿童超市被评为诚信纳税商户。漫思爸爸还被邀请参加全市诚信商户表彰大会，捧回了一块用红绸带装饰的荣誉牌。漫思爸爸把它挂在了超市最显眼的位置。

 **做生意赚的钱都归自己吗？**

你好呀，小朋友！我是每天都在和你打交道的税先生。你住的房子、乘的汽车、买的文具、吃的零食……爸爸妈妈都为你交了税。很多时候，我会隐藏在商品的价格里，你误以为钱全花在买商品上了，其实也有一部分花在了我身上。

对漫思和猫儿童超市来说，我是漫思爸爸所有财富里的一部分，要上交给国家，剩下的才能装进他自己的口袋，成为自由支配的收入。赚得多就交得多，赚得少就交得少，也有一分钱不用交的，那是因为赚得太少。

我向大家收税有不同的名义，因此有很多别名，比如增值税、消费税、个人所得税等等。大家最熟悉的大概要属"个人所得税"，你长大后一定会和它打交道。漫思爸爸开超市的收入中要上交的部分，其中最主要的就是它。开超市之前，漫思爸爸的工资是 10000 元，可是每次拿到手的只有 9700 多元。怎么会少了呢？因为还有一些费用要扣除，包括我。

也许你会愤愤不平地问："我辛辛苦苦挣的钱，凭什么要白送给你花？"哎呀，你真是冤枉我了！我拿走你的一部分收入正是为了你啊！换句话说，你的工作是为自己赚钱，而我的工作是为你花钱，花在你身上。说到这儿，我要隆重向你介绍我的一句口头禅：取之于民，用之于民。

什么意思呢？

取之于民，用之于民。

有很多事情，你们不愿做，或者做不了，但是它们无比重要，如果做了，所有人都可以受益。比如，建军队，保卫我们的美好家园；设学校，让大家学有所教，掌握知识和技能；造医院，守护你的健康……

我还要帮你们通公交、修马路、建公园、盖图书馆……

总之，我的职责就是做对大家都有益的事情。但哪一样不用花钱呢？你们得把收入中的一小部分交给我，由我来代劳。

所以，我还有另外一句口头禅：纳税光荣，逃税可耻！漫思爸爸就是一个积极纳税的商人，我必须好好表扬他呀，希望你将来也能做到。

纳税光荣，逃税可耻！

动动脑

"交税"和"缴税"的意思一样吗？有什么区别？

有趣的商业冷知识

一、假如你生活在古代，用什么方式能点外卖呢？错误说法是（　　）。

A. 派人去餐馆买回来

B. 提前预约，餐馆送餐上门

C. 只能在餐馆里堂食，没有外卖

点外卖不是什么新鲜事，1000多年前的宋朝人就已经这么干了，而且十分流行。在名画《清明上河图》里，也有外卖小哥在街头穿梭送餐的景象。

今天的你，想吃外卖了，爸爸妈妈在手机上下单，外卖很快就会送上门来，非常方便。但是古人没有手机，他们嘴馋时想点外卖，会怎么做呢？

　　富贵人家会派家丁去餐馆买回来，家丁就相当于跑腿的外卖小哥。如果点的饭菜比较费时间，家丁也可以说好送餐时间，先回去。餐馆做好了会安排伙计按时送上门，一手交货一手收钱。有的餐馆更接地气，让伙计在饭点之前走街串巷吆喝一圈，有需要的就叫住他下单。伙计收集到客人的需求后，回去通知厨师做饭，做好了再给客人送过去。

　　喜欢叫外卖的可不只有普通人，连皇帝也不例外。据史书记载，宋太祖初次举办生日宴时，就是叫外卖请百官吃饭的。宋孝宗也是个"吃货"，时不时就派人出宫到街上叫外卖，吃高兴了还打赏个小费。的确，宫里的大餐天天吃也腻了，换换口味才带劲嘛！

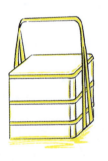

　　在一些娱乐场所，人们玩得乐不思蜀，连吃饭都懒得出门。餐馆从中嗅到了商机，把外卖装进食盒里，让伙计拎进去叫卖。这和今天打游戏入迷的人叫外卖，简直如出一辙呀！

　　宋朝的商业很发达，东南西北的食材都能买得到，煎、炒、爆、炖、炸等烹饪方式也已出现。因此，当时的外卖种类很丰富，除了面条、粥饭，还有各种烧烤、炒菜和花样甜点。想必古人也和今天刷着手机的我们一样，时常纠结着："我的妈呀，挑花眼了，中午到底吃啥好呢？"

二、古人的储蓄罐长什么样？正确说法是（　　）。

A. 古人没有存钱的习惯

B. 古人没有储蓄罐

C. 古人的储蓄罐没有出口，是为了防止"手痒"

如果你生活在古代，当你从储蓄罐里拿钱时，会发生什么？

汉代刘歆的《西京杂记》记载，有一种器具叫扑满，是古人用来存钱的，用途与现在的储蓄罐一样。扑满通常是陶罐或瓷罐，上面开一条口子，形状像长方形的肚脐眼。那时候人们使用的是方孔圆钱，也就是大名鼎鼎的"孔方兄"。人们有零钱时，就从"肚脐眼"里塞进去存起来，积少成多。

现在的电子储蓄罐有门有锁，钱能进能出，非常方便、自由。扑满可没有这么高级，它只有吃钱的"嘴巴"，没有出钱的"屁眼"，就像一个十足的守财奴和吝啬鬼。如果你想从扑满里取钱买零食吃，只有一个办法，就是把它砸烂，但可能会被家长揍一顿。也许这是古人怕存不住钱，为了防止"手痒"，故意这么设计的吧。

在绝大多数情况下，只有当罐子吃饱了钱，"肚子"实在装不下了，人们才会敲烂它把钱取出来用——满则扑之。这就是古代的一次性储蓄罐——扑满的名字由来。

扑满体现了古人的勤俭节约意识和财富积累思想，值得我们学习和发扬。

三、古代有哪些大富豪？错误说法是（　　）。

A.商圣范蠡心肠好

B. 子贡是孔子最有钱的弟子

C. 颜回是孔子最有钱的弟子

《史记》里有一章叫《货殖列传》，记载了中国古代一些大富豪的故事，相当于司马迁版本的"富豪榜"。其中有两位大名鼎鼎的富豪，分别是范蠡（lǐ）和子贡。

范蠡，人称陶朱公，他口袋里的钱比他名字里的"虫"可要多得多。他实行了许多经济政策，帮助越国在短短十年内富国强兵，最终灭掉吴国成为春秋五霸之一。

范蠡除了有超群的政治谋略和军事才华，还特别擅长经商，三次经商，次次都成大富豪。但他看淡钱财，经常接济贫困百姓，被后人尊称为"商圣"。

子贡不仅是孔子最得意的弟子之一，也是其弟子中的首富。子贡很有生意头脑，他发家致富的秘诀就是预测行情、抓住商机，在一国用低价买下货物，再高价卖到另一国去，从中赚取差价。

子贡还特别注重诚信经营，为我们树立了"君子爱财，取之有道"的典范。

四、自卖自夸的王婆是女人吗？正确说法是（　）。

A. 王婆是一个姓王的老婆婆

B. 王婆是一个男人

如果同学向你吹牛，说自己比孙悟空的本领还要大，或许你会翻个白眼，然后脱口而出：王婆卖瓜，自卖自夸！

那你知道吗，王婆其实并不是姓王的婆婆，而是一个男人。王婆本名叫王坡，是宋代的一个卖哈密瓜的商人。来自西域的哈密瓜，对宋朝的百姓来说还是一种新奇水果，知道的人很少，买的人就更少了。王坡很着急，于是逢人就夸自己的瓜甜，不好吃不要钱，还切开请大家尝一尝。那就尝尝呗，哟嚯，真不错！就这样一传十十传百，王坡的哈密瓜卖火了，成了大受欢迎的"明星"。

有一天，皇帝出宫巡市，正巧碰见了正在自卖自夸的王坡。了解原因后，皇帝十分赞赏地说：做买卖就该像王坡卖瓜一样自卖自夸，有何不好？皇帝这么一说，等于是亲自为王坡打了个广告，从此"王坡卖瓜，自卖自夸"这句话就传开了。但大家传着传着，把"王坡"念成了"王婆"，"王坡"就这样莫名其妙地变成了一个女人。如果他知道这件事，会生气吗？不过大家已经叫顺嘴了，就接着叫他王婆好了。

　　"王婆卖瓜，自卖自夸"给了我们什么启示呢？

　　在竞争十分激烈的今天，不懂得像王婆那样自卖自夸的商人，已经很难做好生意了。你打开电视、报纸、手机，还有电梯间、马路旁、道闸上……到处都是商家在不遗余力地宣传自己，如果谁还抱着酒香不怕巷子深的老观念，就别怪生意被对手抢走。

　　只要商品的优点是真实的，为什么不大胆地自卖自夸呢？而且要夸得好夸得妙，让人们爱听你"吹牛皮"。这可是一件很有技术含量的事，因此还催生了专门帮别人做宣传的公司，企业自己也会花钱聘请人才来夸自家的产品。总之，在符合法律和情理的前提下，谁更会"自卖自夸"，谁的生意就更容易成功，谁就更容易获得财富。

五、"中华老字号"有多老？正确说法是（　　）。

A.1956 年之前诞生的都算老字号

B.只要历史够长，就是"中华老字号"

C.最老的一个，比 15 个爷爷的年龄之和还大

你知道什么叫商家字号吗？可以理解为商家名字的简称。比如，冠生

园是上海冠生园食品有限公司的字号，大白兔奶糖就是它们生产的。

什么样的商家能算"中华老字号"呢？简单地说，要足够优秀，并且"年龄"足够大。对于年龄，按照规定，必须是 1956 年（含）以前"出生"的才有资格。这个年龄标准看起来并不高，很多企业都具备，但别忘了，这只是入围分数线而已。想要被最终录取，还得靠综合实力说话。目前，全国只有 1100 多家被

认定的"中华老字号"，平均年龄 140 多岁，年龄最大的有 1300 多岁，比 15 个爷爷的年龄之和还要大。

"中华老字号"涉及各行各业，其中和"吃"有关的最多，德州扒鸡、全聚德烤鸭、狗不理包子……嘿，看馋了没有？

商家如果被认定为"中华老字号"，会更容易获得人们的喜爱、信任和尊重。如果你当选为班长，会有类似的感觉。这五个字会让消费者油然而生一种自豪感，心想这可是老祖宗传下来的东西，一定不赖，所以乐意为它掏钱。这就是"中华老字号"商家总把它挂在嘴边的原因。

然而，有一些"中华老字号"只会倚老卖老，不愿和新时代的年轻人交朋友，不愿和他们一起玩耍，于是成了大家眼中的"顽固老头"。"中华老字号"这个原本挂在胸前的宝贝疙瘩，变成了绑在商家腿上的石头疙瘩，让他们无力前行，已经像凤凰落毛一样失去了昔日的光彩，实在可惜！

成功需要与时俱进。咱们上学期的学习委员，因为跟不上新学期的学习节奏，现在已经换人了哦！

六、为什么叫"买东西",不叫"买南北"？错误说法是（　　）。

A. 口口相传叫惯了

B. 商品都放在东边和西边的货架上

C. 和古代文化有关

你用钱交换商家的物品,就叫买东西。非得叫"买东西"吗,叫"买南北"行不行？如果你有这个疑问,恭喜你,你和皇帝"英雄所见略同"——明朝的崇祯皇帝也这么问过。

有一种解释是,"买东西"这个说法源于唐朝。当时的都城长安是全国最大的商品买卖之地。东市和西市呢,是长安城两大著名的购物场所,这里商贾云集,顾客络绎不绝,十分繁华。无论是长安城的居民还是外来游客,逛街购物最常去的就是这两个地方。久而久之,"买东西"就代指购物了。

汉语里还有很多类似"买东西"这样的词语，个个都大有来头，体现了语言的博大精深。例如，我国古代社会有一个部族叫商族，部族首领王亥足智多谋，经常率领大家驾着牛车到别的地方去做买卖，世人称之为"商人"。"商人"一词由此而来。

　　如果你对商业中蕴含的传统文化充满兴趣，不妨自己再去了解一下：为什么做买卖的人也叫生意人？为什么经商又被称作"下海"？……多多留心和探究这些问题，不但能让你掌握很多国学知识，还能帮助你理解万花筒般精彩的商业世界。

七、海盗为什么要发明自助餐？正确说法是(　　)。

A. 懒得洗碗

B. 吃饭更自由

C. 没有服务员，只能自己动手

　　吃饭时你是不是希望这样：菜多到数不过来，荤的素的、热的凉的，还有水果和点心，想吃啥就吃啥，想吃多少就吃多少，想打饱嗝就打饱嗝，好自在呀！

哈哈，海盗也是这么想的，于是他们发明了自助餐。

很久很久以前，每当海盗们满载而归时，海盗头头都要摆庆功宴请大家撮一顿，鼓励小喽啰们继续加油。海盗们自由不羁，对当时繁复的吃饭礼节很不爽："唉，吃饭就吃饭，搞这么多套路烦不烦？"于是别出心裁，干脆将各种饮食摆放在桌子上，想吃啥、吃多少，任由大家自己动手。

一开始，人们很嫌弃这种粗野的吃相，觉得不文明。但自助餐能让人吃得丰富又自在，这个优点实在太吸引人了，就像墨水滴在纸上一样，很快就从海盗群体渗入到大众的生活，尤其受到年轻人和孩子们的喜爱。

今天的自助餐，对顾客来说，花钱少还吃得爽；对老板来说，既然客人都自助了，服务员就不用那么多啦，这就省下了一笔开支。

或许是为了纪念自助餐的发明者，又或许是为了用海盗营造神秘感，直到现在，很多自助餐厅仍然以"海盗"命名。读了这篇文章，以后再吃自助餐时，你会不会有一种海盗在吃饭的感觉？

八、薯片是因为厨师赌气才发明的吗？错误说法是（   ）。

A. 从年龄上说，薯条是薯片的哥哥

B. 蛋筒冰激凌也诞生于偶然

C. 发明创造需要赌气

嚼着酥脆的薯片会让你开心，可是你知道吗，它的诞生却源于一个厨师的赌气。

1853 年的一天，在美国纽约州的一家餐馆里，厨师乔治·加林正在忙着待客。这时来了一位客人，他点了一份当时已经很流行的炸薯条。当薯条端上来时，客人有点生气，抱怨它又粗又厚，不好吃。乔治·加林将土豆条切细了些，重新做了一份，但客人还是不满意。

乔治·加林有些恼火，但没有当着客人的面表现出来，而是转身走进厨房，把土豆当成了出气筒。他把土豆条切得像纸一样薄，然后气呼呼地扔进了油锅里。看着经过油炸后变得又薄又脆的薯片，乔治·加林心想这玩意肯定难吃极了，嘀咕着："我倒要看你用叉子怎么吃！"没想到的是，天啦，客人尝了之后竟然赞不绝口，将整盘薯片一扫而光还说不过瘾，乔治·加林惊讶极了！从那以后，这家餐馆的菜单上就多了一道薯片，并且成了招牌菜。后来，乔治·加林对薯片进行了包装，方便顾客打包带走。

1895 年，世界上第一家薯片厂在美国诞生，开始大规模生产、销售薯片。1932 年，两位美国年轻人创立了乐事品牌，薯片渐渐在全世界流行起来。

很多时候，商机和财富就蕴藏在偶然和巧合之中，就像路旁旮旯里不起眼的野花，有心之人才能发现它的美，从中获得丰厚的回报。可口可乐、蛋筒冰激凌、巧克力曲奇饼干的发明和创富过程，都是很好的例子。

九、跳蚤市场是卖跳蚤的吗？正确说法是（　　）。

A. 对啊，就卖跳蚤，什么品种都有

B. 只卖法国跳蚤

C. 是指价格低廉的小商品零售市场

　　花市是卖花的，菜市是卖菜的，那么跳蚤市场是专门卖跳蚤的吗？当然不是啦，它是摊位不固定、出售的大多是价格低廉的小商品的零售市场，一般设在中等收入居民居多的城市商业区内、公路交通干线上或星期日大众娱乐场所。那为什么要叫这么奇怪的名字，和让人讨厌的跳蚤又有什么关系呢？

　　最早的跳蚤市场诞生在法国。相传，当时在巴黎圣母院旁边有一个大型市集，专门卖王公贵族的旧衣服。后来这个地方被大量跳蚤占领，商人们只好搬到别的地方继续摆摊。因此有人开玩笑说，这些旧衣服上可能到处都是跳蚤。"跳蚤市场"的名称就此传开了。

　　你参加过学校举办的跳蚤市场活动吗？大家把自己不需要的东西拿出来卖，同时也在别人那里挑自己喜欢的，玩具、拼图、故事书……种类可真不少呀！在学校外的跳蚤市场里，东西就更丰富了，从家电、桌椅到各种小玩意，叫人眼花缭乱。不管是学校里还是学校外的跳蚤市场，因为卖的都是二手货和一些小商品，哪怕没用过几次，也只能降价卖。比如，如果你要买一套全新的"奥特曼兄弟"玩具，得花几十上百元，而在校园的跳蚤市场里，或许用区区几元钱就能轻松搞定——便宜，正是跳蚤市场最大的吸引力。但是跳蚤市场里的商品，质量难以保证，买了之后也很难退换，所以你得有一双孙悟空的火眼金睛，才能淘到物超所值的"金子"，而不是用金子的价格买了一只铜铃铛。

　　参加学校举办的跳蚤市场活动，可以体验当商人的感觉，从中学习如何给商品定价，怎样和别人讨价还价，还能锻炼和陌生人打交道的能力，既有意思又收获多多哦！

十、牛顿炒股赚钱了吗？错误说法是（　　）。

A. 这么牛的人，炒股肯定也大赚特赚

B. 因为炒股经历而创造了一句名言

C. 赔掉了 10 年工资

　　大名鼎鼎的英国科学家牛顿也爱炒股（买卖股票的俗称），他赚钱了吗？答案就在下面，不过咱们还是先来了解下什么叫股票。

　　假设一家公司值 100 元，把它分成 100 份，其中的每一份就叫股份，每一份的价格就叫股价，而股票就是股份的凭证。举个例子，饼干公司想新建一座厂房，需要花费 1000 万元，可是饼干公司没有这么多钱。符合条件的话，饼干公司就可以通过发行股票的方式来筹集这笔资金。假设饼干公司的股价是 10 元 / 股，那么只要卖掉 100 万股，就可以集齐 1000 万元。如果人们看好饼干公司的发展前景，就乐意买它的股票，等股价涨了（10 元 / 股以上）再卖出去，就赚了。

　　1720 年，牛顿用 7000 英镑买了南海公司的股票，之后股价"噌噌噌"地往上跳。两个月后，牛顿兴奋地卖掉了股票，轻松赚了一倍，开心得要命。他刚卖掉股票，股价又疯狂地翻了几倍，这可把牛顿的肠子都悔青了，于是他又高价买入股票，希望再大赚一笔。没想到的是，股票价格开始像运动员跳水一样快速下跌，这回牛顿不但没赚到一毛钱，还倒赔了2万英镑！当年，牛顿是英国皇家造币厂的厂长，属于高薪人士，但一年的工资也才2000英镑，这一下子就亏掉了勤勤恳恳工作10年的收入，你想象下牛顿会是什么样的心情。从此，牛顿再也不炒股了，还自嘲地说："我能精确计算天体运行的轨迹，却难以预料人性的疯狂。"

发行股票可以帮助企业筹集发展资金，既促进了经济发展，又给人们创造了投资获利的机会，让人们手里的闲钱有了用武之地。但是股价就像孩子的喜怒一样变幻莫测，是涨还是跌，涨到什么时候

我能精确计算天体运行的轨迹，却难以预料人性的疯狂。

又跌到什么时候，谁也无法预料。所以炒股充满了风险，这是每一个股民都要牢记的。

话说牛顿的母亲曾让他休学做生意，但每次叫他和用人一起去市场熟悉生意经时，牛顿总是躲起来去钻研数学题。或许，这位从小就对经商提不起兴趣的伟大科学家，真的不擅长赚钱哦！

十一、购物商场为什么没有窗户？正确说法是（　　）。

A.为了省下装窗子的钱

B.装了窗子会不好看

C.让顾客更专心购物

一头猪在逛商场时突然想放屁。它很文明，不愿污染商场里的环境，于是去找窗户，打算把废气排放到外面。但它找了半天，却发现商场就像一个闷葫芦，压根儿就没有窗户。

商场没有窗户是为了省下装窗子的钱吗？其实是

为了留住顾客，让人不着急走！没有窗户，顾客就像被关在了一个超大的蚕茧里，四周是各种商品，哎呀，满眼都是诱惑！在这样的环境中，顾客不易受到外界的干扰，能更加专心地购物，不知不觉就逛了很久，钱也花出去更多。商场的如意算盘拨得可真响啊！

除了这点小心思，商场为了多留大家一会儿，可谓绞尽脑汁。他们把进商场的入口设得尽可能多，但出口只留一个，而且通常就在收银台边上。

入口多，进商场就更加方便，你可以少走一些路。出口少，是逼着你多走几步，哪怕你一进门就选好了自己想要的东西，也得绕个大圈，穿过一排排货架，才能顺利结账走人。这样一来，更多商品就有机会出现在你的面前，有了更多被购买的可能。

十二、超市和超人有关系吗？错误说法是（　　）。

A. 超市和超人都诞生于美国

B. 超市是超人发明的

C. 超市的主要特点是东西多和自己动手

　　超市的全名叫超级市场，这个名字是在向大家宣示：我可不是普通商店，我很厉害的哦，就像你们知道的超人一样。

　　超市有哪些厉害的地方呢？

　　首先，东西超级多。既然敢说自己是超级市场，超市里的商品数量肯定要比普通杂货店多，日常生活中各种吃的、用的，五花八门，应有尽有，免得你既要去水果店买水果，又要去文具店买文具，真是省时省力。而且超市里的很多东西，价格比一般小店更便宜一些。

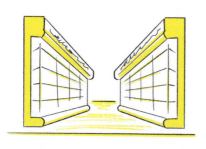

　　其次，买东西超级自由。在超市里买东西，既不用向工作人员问价格，也不用他们帮你拿东西。因为每一件商品

都标了价格，你可以像吃自助餐那样自由挑选，要文具拿文具，要水果拿水果。有些超市连结账你都可以自己完成。既买了东西，又体验了购物过程的快乐，这就是超市自助式服务带来的好处，也是超市的核心特征。

总之，超市的特点主要就体现在"超"字上：商品种类超级多、顾客买东西超级自由。因为这两个"超级"，超市从诞生起就深受欢迎，如今连很多"小不点"商店也开始自称超市了，不信你沿着小区转一圈，数一数。虽然它们东西不太多，但是也超级自由啊，也算实至名归了。

超市这种购物场所诞生于美国。1981年，广州友谊超市开张，这是中国内地的第一家自选超市。

十三、条形码的肚子里装着什么？正确说法是（　　）。

A.条形码知道商品是哪里生产的

B.条形码长得都一样

C.条形码会告诉你东西的味道

正规商品的包装上，都有一个像斑马线的图案——条形码。

条形码可是个百事通哦，肚子里装着商品的很多信息：叫什么名字、在哪儿生产的、是谁生产的、卖多少钱……买东西结账时，收银员用扫码枪一扫，就能轻松了解这一切。因此可以简单地说，条形码就是一个用来收集和传递商品信息的家伙。

条形码由一组黑条纹和一组数字构成。这些条纹像站成一排的小学生，有的胖有的瘦，有的高有的矮，彼此间的距离也有的近有的远。数字呢，一般是 13 位，前 3 位告诉我们它是在哪个国家或地区生产的，690—695 代表中国大陆。如果你买了一袋薯片，包装袋上面条形码的前 3 位数字是 690，那么即使它是国外的品牌，并且包装上全是外文，也掩饰不了它出生在中国的事实。

商品的条形码，就像班级里的双胞胎同学，乍看分不清，其实都是独一无二的。薯片和辣条的条形码不一样，同一个牌子的辣条，类型不同，条形码也会不一样。所以就算你蒙上收银员的眼睛，她"问问"条形码也能知道你买的是什么。

为了与众不同，有些商品的条形码也开始臭美了，把自己打扮成了鱼骨、挂面、胡子、斑马……哈哈，肚子里有"货"，颜值上更帅气，这下条形码恐怕要得意地奔腾起来了。

十四、商品取名为什么爱"追星"？错误说法是（　　）。

A. 苏轼是个吃货

B. 与名人"同名"可以节省广告费

C. 宫保鸡丁是一个叫宫保的人发明的

东坡肉、太白鸭、包公鱼、曹操鸡、西施舌、宫保鸡丁、麻婆豆腐……发现没，这些在吃货界大名鼎鼎的食物，背后都站着一个历史名人。原来商品也爱"追星"呀，这是什么原因呢？

第一，有些商品就是名人创造的，或者和名人有千丝万缕的关系。最典型的就是苏东坡，他不仅是宋朝的大文学家，也是历史上有名的吃货。用他的名字命名的可不止东坡肉这道招牌菜，还有东坡鱼、东坡肘子、东坡饼。如果苏东坡要换工作，说不定会选择当个厨师。同样，李白除了擅长写诗，还会烧鸭子。皇帝吃了他做的烧鸭，觉得很美味，就赐了"太白鸭"这个名字。"太白"是李白的字，并不是说他做的烧鸭皮肤很白。

第二，无论是苏轼、李白、曹操这样的历史名人，还是星巴克这种文学作品里的角色，或者耐克这样的古希腊神话人物，共同点都是名气大，人们熟悉又喜爱。用他们的名字为商品取名，消费者即便第一次接触也不会有陌生感，不费力就能记住，这不就节省了好多广告费嘛！

第三，名人形象能激发消费者的联想。当我们听到东坡肉这个名字时，一定会联想到苏东坡这个人，联想到他的文学作品和人生故事，就会觉得这

盘猪肉与众不同，似乎更美味了。

总之，商品"追星"好处多，既能让自己更好卖，又能让商家更赚钱。

想象一下，如果有人叫卖"八戒猪排""骆宾王卤鹅"，你会产生好奇心并想尝尝吗？

十五、有哪些让人迷惑的商品名字？正确说法是（ ）。

A."康师傅"方便面不姓"康"

B.咖啡里加一点猫屎更美味，所以叫"猫屎咖啡"

C."84 消毒液"是指喷 8 次就能彻底杀菌

如果把做买卖比作一场旅行，那么好的商品名字就像飞机票，能让你更快到达目的。但有些商品名却让人摸不着头脑，一起来探寻它们的真相吧。

康师傅方便面姓"康"吗？并不是。"康"不是姓氏，而是健康的意思。但经常吃方便面，可一点都不健康哦！

猫屎咖啡里有猫屎吗？咖啡豆被麝香猫吃下后，在胃里消化和发酵的过程使它独具风味。人们从麝香猫的便便中挑出没消化掉的咖啡豆，洗干净，然后加工出猫屎咖啡。除此之外，还有象屎咖啡、鸟屎咖啡、松鼠屎咖啡。只要你关闭画面联想开关，就不会觉得恶心。

502 胶水这个名字是怎么来的？有人说因为它失败了 501 次，第 502 次才成功，还有人说它是在 502 房间里诞生的。其实，这是一种专业的命名方法，百位数"5"代表的是胶水类型，十位数"0"代表的是胶水浓度，个位数"2"代表的是胶水成分。根据这种命名规则，还有 101 胶水、401 胶水、501 胶水……

"84 消毒液"里的数字，是指喷 8 次就能杀"死"（与"4"谐音）细菌吗？不是。"84 消毒液"是 1984 年研制成功的，所以被命名为 84 消毒液。

十六、"可口可乐"的意思是可口的可乐吗？错误说法是（　　）。

A. 可口可乐是英国人发明的

B. 可口是饮料中一种配料名字的谐音

C. 可口可乐的第一个中文名字叫"蝌蝌啃蜡"

可口可乐是世界上最畅销的饮料之一，在饮料界的地位，相当于森林中的百兽之王老虎。它为什么叫可口可乐呢？难道是因为太自恋，觉得自己的味道十分可口？这要从头说起。

1886 年，美国一个叫彭伯顿的药剂师，制成了一种治头痛的药汁，喝的时候直接兑水就行。一次，他的助手错误操作，将苏打水当作清水冲入了药汁，这下可口可乐就有"气"了。当病人喝下肚后，助手才发现自己搞错了，心想这下可糟了！不料病人竟然连说"爽爽爽"，头好像也不那么痛了。彭伯顿受到启发，经过改良，把可口可乐从药水变成了饮料。由于可口可乐的主要原料是南美特有的古柯树叶和柯拉树籽，彭伯顿干脆就用这两种东西的谐音，给它取名叫 Coca-Cola。

有趣的是，Coca-Cola 进入中国市场时，同样用谐音给自己取了个中文名字——蝌蝌啃蜡。古怪吧？这个名字似乎在人们的脑子里画了一幅画：一群饿肚子的蝌蚪在使劲啃蜡烛，想想就感觉"味同嚼蜡"呀，再加上它酱油一样的颜色，实在吊不起人们的胃口。后来，Coca-Cola 登报征集新名字，最后改成了"可口可乐"。这个新名字更有中国味和喜庆感，也更加顺口，还给人一种饮料很可口的暗示，为可口可乐进入中国的千家万户立下了汗马功劳。

一个好名字，能帮助商品变畅销，让买卖更好做，真正是"一字千金"！

十七、大头羊 ¥ 读什么？错误说法是（　　）。

A.¥ 和羊同音

B.¥ 和元同音

C.¥12 是指 12 元人民币

看到 ¥，你是不是想起了可爱

的大头羊或者长耳兔？这就是我们平时使用的人民币的符号，也是人民币单位"元"的符号。举个例子，¥12就是人民币 12 元的意思。

按照国际规则，货币符号使用本国货币单位的第一个字母。人民币的单位是元，元的拼音是 yuan，第一个字母是 Y，所以就用 Y 来表示。但有些小马虎写字不工整，容易把 Y 写得像阿拉伯数字 7。为了避免由此带来的麻烦，于是给 Y 加上两道横杠变成¥，好像羊张开了双臂一样，读音仍然是"元"。

有趣的是，邻国日本的货币符号也是¥。当它们同时出现的时候要怎么区分呢？在¥前面加 CNY 或 JPY，分别代表人民币和日元。比如 CNY¥100，就代表是人民币 100 元。

¥是 1955 年中国人民银行发行第二套人民币时正式确定的，你能算出这只大头羊现在多大年纪了吗？

十八、如果你生活在古代，会捡贝壳当钱花吗？错误说法是（　　）。

A. 贝壳曾经可以当钱花

B. 古人捡贝壳买东西

C. 特定的贝壳经过加工之后才可以买东西

　　贝壳是中国最早的货币。我们的祖先是不是去海边捡些贝壳就能当钱花？要是这样，大家都背着麻袋去海边旅游，边玩边捡钱，也太爽了吧！

　　其实呢，贝壳有 100 多种，一般只有产自南海和东海的齿贝能当钱用，其他的都没这个资格。

　　就算捡到了很多齿贝，它也买不到任何东西。因为天然的齿贝就像印钞纸，它是钱的前身，还不是钱，加工之后才是钱。齿贝要串起来才能当钱
花，五个为一串，两串为一朋（古代钱币单位）。但对我们的祖先来说，给贝壳打孔穿线非常费时耗力，和用铁杵磨针差不多。由于代价太高，人们宁愿通过狩猎和种植赚钱，也不愿自找麻烦造钱。

十九、世上有竖版钞票和塑料钞票吗？错误说法是（　）。

A. 北宋时期的交子是世界上最早的钞票

B. 人民币竖着拿没礼貌

C. 有的国家使用塑料钞票

我们平时用的钞票都是用纸印制的，而且是横版——上面的图案要横着看。如果哪天你遇到了一张竖版钞票或塑料钞票，会以为它是玩具吗？

虽然大多数国家使用的都是横版钞票，但新奇的竖版钞票也曾在英国、瑞士、以色列和加拿大等一些国家流通。

2018 年，加拿大首次发行了竖版钞票——10 元加币，这种设计让钞票上的人物更加突出。的确，竖版钞票更适合印"高个子"图案，比如人物、树木和大厦。想象一下：  如果你站在一棵春天的桃树下，想和它合个影，你希望妈妈用手机横着拍还是竖着拍呢？

中华人民共和国成立后，没有发行过流通的竖版钞票。但论起来，咱们才是竖版钞票的老祖宗。世界上最早的钞票——我国北宋时期的交子，就是地地道道的竖版钞票。到了民国时期，竖版钞票就更常见了。

钞票也不一定都是纸做的，有些国家也使用塑料钞票，澳大利亚是最早使用塑料钞票买东西的国家。虽然印塑料钞票比印纸币代价更大，但塑料钞票更耐用，脏了还可以"洗澡"，就算不小心混进了洗衣机里，也会毫发无损。

二十、盲人会把 100 元错当成 20 元吗？正确说法是（　　）。

A. 盲人付账时，商家不会骗他们

B. 钞票的尺寸大小不一样，盲人量一下就会知道面值

C. 钞票上有盲文，可以帮助盲人识别面值

盲人看不见钞票，更看不见钞票上的金额。他们在用钱的时候，会不会搞错面值呢？

你留意没，在人民币纸币的右下角，有的印着黑

色的小圆点，有的除了黑色的小圆点，旁边还有一个小靠椅图案。这是盲文，是用来帮助盲人分辨钞票面值的。

在不同面值的钞票上，黑色圆点的数量不一样，它们与小靠椅图案的搭档方式也不同，分别代表着不同的金额。比方说，右下角只有 1 个黑色圆点的，是 1 元钱，有 1 个点再加小靠椅图案的，是 10 元钱。

这些用特殊工艺印上去的盲文，就像安装在钞票"皮肤"上的小按钮，是凸起的。普通人很难感觉得出来，但是盲人的触觉可是超级灵敏的，他们用手指一摸，就心中有数啦，所以不会把 100 元错当成 20 元，除非他是个大马虎！

二十一、课文《蜘蛛开店》里的蜘蛛为什么赚不到钱？正确的说法是（   ）。

    A. 蜘蛛失败是因为懒惰

    B. 蜘蛛失败是因为不擅长编织

    C. 开编织店很难成为大富翁

在《蜘蛛开店》这篇课文里，蜘蛛开了家"一元店"，帮其他动物编织衣物，可惜运气不好：卖口罩遇到大嘴的河马，卖围巾遇到长颈鹿，卖袜子遇到脚多的蜈蚣，累得腰酸背疼却连一毛钱也没挣到，真是太亏了！

蜘蛛为什么会失败呢？

蜘蛛吐丝做编织生意，每天能投入的时间和精力很有限，所以就算从早干到晚，不吃饭不睡觉不上厕所，也编不出几件东西。况且蛛丝又那么细，要织成保暖的围脖和袜子，得花多少原材料啊，太不划算了！另外，编织时一不小心还会把蛛丝弄断，造成大量返工。就凭这些，蜘蛛想发财致富，难度比捣蛋鬼当上班长还大一百倍。

这只蜘蛛的脑子真不灵光，其实它只要换个思路，赚钱就没那么难了。大家知道，蜘蛛的织网本领可是自然界中首屈一指的，为什么不将它发扬光大，开一家虫子专卖店，专门为蜻蜓、青蛙解决伙食问题呢？它只需要在小飞虫经常出现的地方织好网，猎物就会自投罗网，然后打广告夸自己的虫子新鲜、味道好，吸引蜻蜓、青蛙来买。

这样一来，蜘蛛就从编织工变成了虫子专卖店的老板，它只要定期去检修一下蜘蛛网就好了。这种赚钱方法可比织围巾高明多了，既挣得快又赚得多。如果蜘蛛梦想很大，它还可以聘请蜻蜓、蜜蜂和蝴蝶当员工，开很多连锁店，说不定能打造出一家"国际化虫子超市"。

看到这儿，你是不是也想变成一只会做生意的蜘蛛呢？

二十二、急性子顾客买东西更贵吗？错误说法是（　　）。

　　A. 商家讨厌急性子顾客，故意给他们更贵的价格

　　B. 有些商品刚上市时价格更高

　　C. 为了早点使用商品，急性子愿意多付钱

如果你是急性子，买东西可能会比别人多花钱。

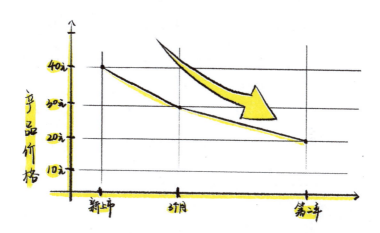

　　例如，最近上映的一部动画片很火，有家玩具公司根据里面的角色形象，生产了一批玩具。刚推出时，这些玩具卖 40 元 / 个，3 个月后卖 30 元 / 个，到了第二年就只卖 20 元 / 个了。如果你是急性子，它刚上市时你就入手了，就别怪自己比后来的顾客多付出了代价。

　　这是什么原因呢？

　　第一，很多商品对消费者的吸引力，会随着时间的推移不断下降，直到被嫌弃而消失无踪。再好看的动画片也不可能一直火下去，观众的兴趣会被新的动画片替代，和动画片有关的玩具也是一样的命运。它们最受欢迎的时候，能享受到明星般的待遇："粉丝"众多，乐意为它花钱，贵点也没关系。当它们不再流行的时候，愿意购买的人也越来越少，商家只有降价才能获得更多的顾客。

第二，新产品刚上市时，竞争对手还不多，甚至存在供不应求的情形，价格自然就高喽。如果这种商品很受欢迎，能赚钱，就会有更多的企业生产同类商品来抢客。假设市场上起初有 1 家企业和 100 个消费者，现在变成了 20 家企业和 100 个消费者，那么顾客就有了更多的选择。他们拿着钱东看看西瞅瞅，心想反正东西都差不多，谁价格低就买谁的呗。这样一来，为了把东西卖出去，商品的价格自然就会下降了。

小学语文课本里有一篇课文，叫《慢性子裁缝和急性子顾客》，说的是急性子顾客偏偏遇上了慢性子裁缝而发生的令人哭笑不得的故事。思考一下：如果裁缝愿意加班为急性子顾客赶制衣服，但是要提高价格，你觉得顾客会乐意吗？

二十三、为什么共享电单车不让你骑到城外？正确说法是（　　）。

A. 怕你迷路回不来

B. 城外人少，很难再被使用

C. 城外路况不好，车轮容易受伤

问问爸爸妈妈：当他们把共享电单车骑到偏僻地方的时候，是不是被提示骑回运营区，不然就断电？你知道这是为什么吗？

共享电单车按次收费，被人们骑的次数越多，就能赚得越多。一辆共享电单车搁在那里，如果没人骑或者被骑的次数很少，那就没得赚，岂不是浪费吗？

所以，共享电单车要想创造最大价值，就必须被

更多的人看到和使用。正是由于这个缘故，地铁站、公交站、小区门口以及城市核心区域的交叉路口，成了共享电单车最爱扎堆的地方。因为这里人来人往，共享电单车最

容易遇到需要骑行的客人，赚钱的机会也最多哦！

相反，城外以及城市中偏僻的地方，没什么人，如果共享电单车骑到了这儿，再被其他人使用的机会就很小了。所以，共享电单车运营企业会划定骑行范围，让大家老老实实地在指定范围里骑行。谁要是不守规矩，共享电单车就会自动断电。

二十四、餐巾纸有保质期吗？正确说法是（　　）。

A.餐巾纸就算过了保质期也没有任何影响

B.有的餐巾纸包装上没有写保质期，说明可以永久使用

C.超市降价促销的餐巾纸和卫生纸有可能快过期了

当你用餐巾纸擦嘴巴的时候，有没有想过它可能已经过了保质期，正在威胁自己的健康？也许你会感到惊讶：什么，餐巾纸也有保质期？

的确，说到保质期，我们会立刻想到各种食物，其实任何商品都有保质期。

正规厂家生产的餐巾纸都经过高温杀菌处理，是干净、安全的，大家可以放心使用。但这仅限于一个期限内，就像一顿饭只能管你半天不饿。正规厂家会在包装  上明明白白地写上生产日期和保质期，并提醒消费者在干燥、通风的环境下存放，注意防潮。如果满足这些条件，餐巾纸的保质期一般是2—3年。

如果餐巾纸超出了保质期，或者存放的条件不对，就可能出现变脆、掉屑和细菌超标的情况，影响我们的健康。如果你用餐巾纸擦嘴时嘴上留下纸屑、纸粉，说明它可能已经过了保质期，最好别用了。如果舍不得扔，那也别用它擦嘴巴，擦日常物品吧。

擦屁股的卫生纸也一样有保质期，过期了容易滋生细菌。虽然屁股不会反抗，但我们要照顾它的感受呀。

超市的餐巾纸和卫生纸也经常做促销活动，或许就是希望赶在保质期到来之前卖出去。咱们可别被"降价"迷住了眼，一下子买太多，结果还没用完就过期了。

二十五、方便面为什么爱"卷发"？正确说法是（　　）。

A. 怕被人误当成挂面

B. 如果不"卷发"，卷发的人就不愿意买它

C. "卷发"更省时间，更好吃

　　20世纪最伟大的发明之一——方便面，自1958年出生以来就从没换过发型，一直是卷发、卷发、卷发。说真的，方便面的发型太像压扁了的鸟窝，算不上好看，但它却爱得无怨无悔，这到底是死心眼还是别有奥秘呢？

　　方便面在蒸煮和油炸时，它的"卷发"可以大显身手。因为"卷发"之间有空隙，蒸汽和油能"钻空子"，与面条充分地接触。如果是"直发"的话，面条挨挨挤挤，容易粘到一块儿，导致蒸煮和油炸更费时间。此外，"卷发"比"直发"更结实，能应付携带过程中的小磕小碰，看起来也更有分量，让人有种

我爱卷发！

"哇，好实惠"的感觉。

对消费者来说，方便面"卷发"之间的空隙，增加了面条和汤料的接触面积，不仅大大提高了泡面的速度（毕竟人们对泡面的耐心也就三五分钟），还让面条的每个部位都能被汤料沐浴，口感自然会好出一大截。还不止这些呢，方便面的"卷发"和叉子也算是天生绝配：一叉子下去，转几圈，提上来，嗦进嘴，嚯，好玩又够弹，瞬间就打开了我们的食欲。没想到发型和胃口竟然有这么大的关系！

方便面的"卷发"让商家和顾客皆大欢喜，真是一个充满商业智慧的赚钱发型啊！

商品设计中的小窍门还有很多。比如有的饼干上布满小洞，看起来像浴室的花洒。这可不是为了把它打扮得更好看，而是为了让饼干在烤制过程中能够呼吸透气，防止被烤变形。

二十六、棒棒糖的棍子上为什么有个孔？正确说法是（ ）。

A.让顾客当口哨吹

B. 为了固定住棒棒糖

C. 厂家的无心之举

很多棒棒糖的棍子上有个孔。有的孔在顶端，像乡下的一口水井。有的孔在两旁，像奶奶手中缝衣针的针眼。它是干什么的呢？

你吃棒棒糖的时候，喜欢像雨天转伞一样转动棍子吗？哈哈，我一定猜对了。如果糖和棍子粘得不紧，可能转着转着就掉在了嘴巴里，吃起来就会少了一些乐趣。怎么办呢？生产厂家就在棍子上开个孔，在生产过程中让糖浆流进去。等糖浆凝固后，孔里的那一丢丢糖浆和外面的糖就"拴"在了一起，等于是把棒棒糖卡在了棍子上。你可以把孔里的那一点糖想象成螺丝，它一头连着糖球，一头嵌着棍子，这样会比较稳固。

为了不让糖脱落，有些生产厂家用环保纸棍代替塑料棍。环保纸棍就像带钉的鞋底，具有防滑作用，能够和糖连接得更紧，所以不用打孔。而且纸棍遇到口水会慢慢变软，就避免了吃棒棒糖被戳到喉咙的风险，比塑料棍更安全。

你看，为了让消费者满意，厂家可真是费尽心思啊！

从1758年棒棒糖诞生算起，这种糖果已经流行了几百年。它的发明人曾经靠它拯救了一家面临倒闭的糖果公司，并且还生产过一种辣味棒棒糖。

二十七、饮料罐的身材为什么更苗条了？正确说法是（ ）。

A.显得个子高，吓唬竞争对手

B.同样分量的饮料，装在苗条罐里比装在矮胖罐里看起来更多

C.喝苗条罐装的饮料不用担心发胖

你发现了吗，越来越多的饮料罐子开始减肥了，从矮胖型变成了苗条型，大家熟悉的可口可乐也不例外。

你瞧我的身材多好啊！

为什么要这样做呢？

原因一，饮料装在苗条罐里看起来分量更多。站着的你和躺着的你哪个个头高？当然是一样高喽，但别人看起来却是站着的你更高。这就是奇特的"横竖错觉"现象，在容量相同的情况下，消费者会觉得买苗条罐更划算。有些饮料罐瘦身后，价格也跟着涨，消费者还乐意接受，难道就因为身材更好了？不知道矮胖罐的心理阴影面积有多大。

原因二，苗条罐握起来更加舒适。对手掌较小的孩子和女士来说，这的确是更贴心的设计。而且苗条罐外出携带也更方便，哪怕包包不大，也容易见缝插针地塞进去。

原因三，苗条罐减少了对肥胖的联想。类似可乐这种碳酸饮料，常喝容易长胖。把罐子设计成苗条型，难道就能解决这个问题？这是掩耳盗铃！喝可乐的人当然明白这个道理，不过这样确实可以给自己一些心理安慰，看着苗条的罐子，似乎对长胖的担忧就少了一些。当我们站在货架前纠结要不要买的时候，苗条罐好像摆着造型在劝说："喝吧，没事，你瞧我的身材多好啊！"为了强化这个效果，有些饮料罐还把自己弄成黑色，因为黑色也显瘦呀！

消费者的喜好在不断变化，今天受宠的也许明天就遭嫌弃。饮料罐也一样，说不定哪天矮胖罐又会流行起来。

二十八、为什么超市里的蔬菜晚上比白天便宜？错误说法是（   ）。

A. 晚上逛超市的顾客收入低

B. 晚上的蔬菜没有白天的新鲜

C. 超市想腾出地方卖新鲜的蔬菜

超市里的同一种蔬菜，通常晚上卖得比白天便宜，这是为什么？

和超市里的其他商品相比，蔬菜的生命或许是最短暂的。蔬菜一般是夜里或者清早运到超市，这时的它们就像正在绽放的烟花，最引人注目，身价也最高。在被人们挑挑拣拣了一整个白天后，它们的色泽、水分都没有早上那么饱满了，像放了气的气球，一副无精打采的样子。

如果你是顾客，你是喜欢绽放的烟花还是皱巴巴的气球？肯定是烟花喽！既然蔬菜到了晚上对顾客的吸引力下降了，如果它还没有自知之明，不自降身价，当天就不容易卖得出去。那留到第二天再卖呢？蔬菜的新鲜度就更差了，和新一天的新鲜蔬菜摆放在一起，简直就是自找没趣呀！不肯降价促销的蔬菜，到最后可能会被当废物处理掉。超市才不会这么傻呢，所以宁可在晚上降价，也要尽力卖光，哪怕亏一点也值得。同样的道理，路边小摊在快要收工的时候，也会更卖力地吆喝，不惜半卖半送。

蔬菜降价卖还可以帮超市吸引来需要低价蔬菜的顾客。这类顾客对蔬菜的品质没有对价格那么在意，毕竟不新鲜的蔬菜也是蔬菜。他们一旦被吸引进超市，就有可能购买其他商品，为超市贡献利润。

综合复习题

1. 原价 12 元的笔记本打八折出售，现价是多少？
（   ）

A. 9.6 元

B. 2.4 元

C. 8 元

2. 超市的货架上有两种饮料，一种小瓶装，价格是 3 元/瓶。另一种是大瓶装，容量是小瓶装的 2 倍，你认为它的价格可能会是多少？（   ）

A. 6 元

B. 5 元

C.7 元

3.有一种饼干卖 4.98 元 / 盒，下面哪个说法不正确？（　　）

A.顾客喜欢数字"8"

B.价格带零头显得更便宜

C.里面的饼干碎了一块，损失了 2 分钱

4.张大牛从批发市场买了 100 个玩具，每个玩具花费 5 元，另外路费用掉了 35 元。张大牛摆地摊销售，每个玩具卖 10 元,如果全部卖完,他一共能赚多少钱？（　　）

A.1000 元

B.500 元

C.465 元

5.下面哪个不是商品涨价的原因？（　　）

A.商品的生产成本增加了

B.买的人少了

C.买的人多了

6. 桂林山水是什么面值人民币上的图案？（　　）

A. 100 元

B. 50 元

C. 20 元

7. 公园里的糖葫芦比外面的贵，下面哪个是主要原因？（　　）

A. 公园里的糖葫芦比较 "稀缺"

B. 公园里的糖葫芦更好吃

C. 摊位租金成本高

8. 人民币是哪家银行发行的？（　　）

A. 中国银行

B. 中国建设银行

C. 中国人民银行

9. CNY ¥ 代表什么？（　　）

A. 日元

B. 英镑

C. 人民币

10. 下面哪个银行不能存钱？（　　）

A. 中国建设银行

B. 中国银行

C. 中国人民银行

11. 在储蓄方面，穿山甲是我们学习的好榜样。穿山甲最爱吃白蚁，一辈子吃不厌。它每次进餐时，再馋也不会把洞里的白蚁干个精光，而是吃一半留一半，让它们不断繁衍，回头再来干饭。下面哪个词可以表达穿山甲的行为？（　　）

A. 勤俭节约

B. 储蓄

C. 饭量不大

12. 下面哪种行为不属于生财有道？（　　）

A. 参加学校举办的跳蚤市场活动

B. 在爸爸拍的短视频里出镜，收取"演出费"

C. 帮同学写作业，收取报酬

13.《狐狸养鸡》这篇课文说的是一只狐狸本想把

鸡养大了再吃，结果却一而再、再而三地"下不了口"。狐狸付出了哪些成本？

    A. 时间

    B. 时间和精力

    C. 时间、精力和感情

14. 下面哪个不是可能导致生意失败的原因？（   ）

    A. 家人鼓动

    B. 没有经验

    C. 对手强大

15. 超市提供大购物车的主要目的是什么？（   ）

    A. 大的更好看

    B. 给孩子"搭车"

    C. 促使顾客买更多东西

16. 小区水果摊上的水果一般按斤称，医院水果店里的水果大多套着网兜，还有包装盒。下面哪个是正确说法？（   ）

    A. 医院水果店里的水果经常被用来送礼，套网兜显得有"面子"

B. 医院水果店里的水果容易感染病菌，需要用网兜保护

C. 小区水果摊上的水果品质不高，不值得套网兜

17. 半个月前，小猪在超市买了一些食物，现在哪个可能过了保质期，不能再吃了？（　　）

A. 酸奶

B. 棒棒糖

C. 巧克力

18. 漫思爸爸准备给新到的奥特曼橡皮做个广告，下面哪种方式不合适？（　　）

A. 在超市门口张贴海报

B. 在学校门口举广告牌

C. 在全国发行的儿童杂志上刊登广告

19. 为什么自助餐厅把甜点放在容易看见的地方，下面哪个说法最正确？（　　）

A. 大家都喜欢吃甜点

B. 甜点比较便宜

C. 甜点便宜，而且一吃就饱，这样做能为餐厅节省成本

20. 漫思和猫儿童超市不应该卖下面哪种商品？
（　）

A. 童话书

B. 童鞋

C. 猫粮

21. 关于冒牌货，下面哪种说法不正确？（　）

A. 冒牌货取名喜欢模仿正宗货，比如奥利粤、粤利粤、粤利奥、奥利给

B. 遇到冒牌货，可以拨打12315举报

C. 冒牌货也是商品，只要有人愿意买就行

22. 下面哪句话能够反映我国税收的特点？（　）

A. 不交税就是贪婪

B. 交税是为了减少商家的财富

C. 取之于民，用之余民

【答案】

1.A	2.B	3.C	4.C	5.B
6.C	7.A	8.C	9.C	10.C
11.B	12.C	13.C	14.A	15.C
16.A	17.A	18.C	19.C	20.C
21.C	22.C